Diana L. Guerrero

Tiere wissen mehr

Diana L. Guerrero

Tiere wissen mehr

*Warum sie unsere Seele berühren
und was sie uns lehren*

Mit Fotos von Hans Reinhard

Kösel

Übersetzung aus dem Amerikanischen
von Eva Ploes

Titel der englischen Originalausgabe:
What animals can teach us about spirituality.
Inspiring lessons from wild and tame creatures.
Erschienen bei by Skylight Paths Publishing,
Woodstock, VT 05091, USA, www.skylightpaths.com

Copyright © für die deutsche Originalausgabe 2006 Kösel-Verlag, München,
in der Verlagsgruppe Random House GmbH
Umschlag: Elisabeth Petersen, München
Umschlagmotiv: Norbert Rosing/getty images
Druck und Bindung: Kösel, Krugzell
Printed in Germany
ISBN-10: 3-466-36705-0
ISBN-13: 978-3-466-36705-4

www.koesel.de

»Am Anfang war alle Weisheit und alles Wissen
bei den Tieren, denn Tirawa, der über uns steht,
sprach nicht direkt zum Menschen.
Er sandte Tiere, die dem Menschen erzählen sollten,
dass er sich ihm durch andere Lebewesen
offenbaren würde, und dass der Mensch von ihnen
und von Sonne, Mond und Sternen lernen solle.«

Häuptling Letakots-Lesa von den Pawnee
an Natalie Curtis in The Indians Book (1907)

Der Erinnerung an Clyde
sowie allen spirituellen Tieren
gewidmet

Anmerkung der Autorin

Vergleiche zwischen Mensch und Tier dienten in der Vergangenheit oft zur moralischen Belehrung. In diesem Buch stehen die Tiere als Beispiele für bestimmte Verhaltensweisen – alle Geschöpfe weisen eine umfangreiche Palette von »guten« und »schlechten« Charaktermerkmalen auf. Tieren menschliche Eigenschaften zuzuschreiben wird in einigen Kreisen strikt abgelehnt. Aber Menschen behalten Geschichten von Tieren in Erinnerung und so habe ich mir die schöpferische Freiheit genommen, Tiere von meiner menschlichen Warte aus zu beschreiben. Alle Geschichten, Personen und Tiere in diesem Buch entstammen der Wirklichkeit. Mit einigen Ausnahmen wurden die Namen verändert und die Geschichten miteinander verknüpft oder abgewandelt, um Anonymität zu wahren.

Inhalt

Vorwort: Eine lange Safari

»Fisch!« Mein Großvater und ich versuchten abwechselnd das Wort klar auszusprechen und konnten dabei unser Kichern nicht unterdrücken. Er war ein mexikanischer Einwanderer und sprach mit starkem Akzent, ich ein Kleinkind, das sein erstes Wort ausprobierte. Am Ende waren wir ganz zufrieden mit uns. Wer uns zuhörte, schüttelte den Kopf, belustigt über meine merkwürdige erste Äußerung, die sich als Prophezeiung für meine Zukunft erweisen sollte.

Als ich in Kalifornien aufwuchs, lebten Tiere bei uns zu Hause, aber da ich als Kind Asthma hatte, behielten meine Eltern sie nicht. Stattdessen musste ich mit einer großen Menagerie aus Plüschtieren vorlieb nehmen. Weil sie aber eine staubige Gefahrenquelle für meine Gesundheit zu sein schienen, musste ich auch diesen Plüschkameraden schließlich Lebewohl sagen.

Trotz dieser frühen Schwierigkeiten fanden Tierkameraden immer ihren Weg in mein Leben. Wilde Tiere besuchten unseren Garten, ich sah Raubvögel über den nahe gelegenen Feldern kreisen, die Haustiere aus der Nachbarschaft folgten mir auf meinen Spaziergängen. Heimlich versorgte ich die streunenden Tiere, die den Weg zu unserer Türschwelle fanden. Irgendwie war ich immer von Tieren umgeben.

Meine große Liebe gilt den Tieren und dem Ozean. Also erschien mir eine Berufswahl folgerichtig, die mich in die Welt des Meeres führte. Meine erste, kleinkindliche Erklärung an das Universum nahm Gestalt an, als ich im reifen Alter von fünfzehn Jahren begann, ehrenamtlich in einem Meerespark zu arbeiten und Walbeobachtungstouren zu begleiten.

Ich war wie besessen vom Ozean. Wenn ich früh morgens nicht draußen war um zu surfen, war ich auf den Docks zu finden und wartete mit Horden von Schulkindern darauf, an Bord eines Walbeobachtungsschiffes zu gehen, oder ich saß auf den felsigen Klippen über den Gezeitentümpeln. An den Abenden war es nicht anders. Ich liebte es, auf dem Meer unter den Sternen zu sein, wenn wir zur Insel Santa Catalina segelten, oder an der Küste, wo ich Zuschauern die im Mondlicht schimmernden Kalifornischen Grunions zeigte – kleine silbrige Fische, die vor der Küste Südkaliforniens leben. Sie werden zur Touristenattraktion, wenn sie nachts zu Tausenden an den Strand kommen, um dort zu laichen.

Neben meiner praktischen Erfahrung schloss ich im Lauf der Zeit auch eine akademische Ausbildung und spezielle Weiterbildungen ab. In Schlangenlinien führte mich mein Weg zuerst aus der natürlichen Umgebung in einen Marine-Park und dann zur Arbeit mit Landtieren. Der nächste Schritt brachte mich zur Dressur gefangener Wildtiere und zum Tiertraining für die Unterhaltungsindustrie. Unter den so genannten Filmtieren finden sich einige meiner besten Lehrer.

Löwen, Tiger, Bären, Elefanten, Schlangen und Schimpansen füllten von nun an meine Tage. Sie rissen mich aus meinem Dasein als Klippenbewohnerin, hinein in eine heiße und smogbelastete Umgebung. Die meisten Menschen assoziieren mit der Film- und Fernsehindustrie Glanz und Glamour, doch für mich waren die Tage während der Drehaufnahmen lang und ermüdend. Meine glücklichsten Momente hatte ich dann, wenn ich mit Tieren auf der Farm arbeitete, um sie auf ihren Auftritt vor der Kamera vorzubereiten. Ich war fasziniert von der Einzigartigkeit jedes Tieres und von den Unterschieden zwischen den Arten. Mein Wissensdurst trieb mich dazu, nach einem neuen Blickwinkel zu suchen und bald darauf schlug ich eine Laufbahn im zoologischen Bereich ein.

Damals gab es nur zwei Fachschulen für Tiertraining. Die erste konzentrierte sich darauf, Filmtiere für Hollywood auszubilden, während die zweite zoologische Einrichtungen und Meeresparks miteinbezog. Ich stellte mich dem hartem Wettbewerb um einen der begehrten Ausbildungsplätze. Meine praktische Ausbildung erhielt ich bei einem Zoowärter. Dort wurde von mir erwartet, einen akzeptablen Notendurchschnitt zu halten, während ich mich mit verschiedenen Aufgaben aus der Tierpflege abrackerte. Zu diesen Pflichten gehörten die Tätigkeiten eines Zoowärters, das Abrichten von Tieren, die Teilnahme an Praktika in anderen Einrichtungen und das nächtliche Kontrollieren der Anlagen. Dazu kamen unzählige weitere Aufgaben, unter anderem auch das Organisieren von Dressurvorführungen vor einem Publikum, das von einer kleinen Hand voll Menschen bis zu Hunderten von Zuschauern reichte.

Als hätte ich damit noch nicht genug zu tun gehabt, besuchte ich andere Tiereinrichtungen, untersuchte die dortige Tierpflege und Anlageplanung bis ins kleinste Detail und erforschte alle Abteilungen und Ausstellungsräume, die mir zugänglich waren. Jeden, der mit Tieren zu tun hatte, bombardierte ich mit Fragen, um ihm seine Erfahrungen, sein persönliches Wissen und neue Erkenntnisse zu entlocken. Ich besuchte große und kleine Tiereinrichtungen überall in den USA, nahm an Fachkonferenzen teil und versuchte, alles nur Erdenkliche über Tiere zu erfahren. Manchmal waren meine Erfahrungen wirklich Ehrfurcht gebietend.

Als ich beispielsweise meinen ersten Killerwal traf, forderte er mich auf, seine Zunge zu reiben – er kam zu mir auf die Plattform und öffnete sein Maul voller großer spitzer Zähne. Während er vor mir auf und ab hüpfte, holte ich einmal tief Luft, bevor ich meine Hand hinter diese Dolche streckte, um seine Zunge zu reiben. Es brauchte großes Vertrauen, so eine Bitte zu erfüllen.

Schließlich reiste ich nach Großbritannien und Europa, um mich dem Naturschutz zu widmen. Hier erfuhr ich von den komplexen Herausforderungen, die auf diesem Feld zu bewältigen sind. Ich arbeitete zusammen mit Menschen aus aller Welt und mit Tieren, die so gefährdet sind, dass kaum noch ein Dutzend von ihnen in freier Wildbahn existieren. Die meisten dieser Tiere stammten aus kleinen exotischen Orten, die ohne Spezialausrüstung kaum aufzuspüren waren. Ich begegnete dabei so unbekannten Kreaturen wie dem Vulkankaninchen, der Rosa- oder Mauritiustaube und dem Plattschwanzgecko.

Meine unkonventionelle Laufbahn umfasst eine solche Vielfalt von Erfahrungen, dass sie sich nur schwer zusammenfassen lässt. Ich habe für Tierschutzorganisationen gearbeitet, in Tierheimen, in der Tierrettung, an vorderster Front der Tier-Katastrophenhilfe, in Tierkliniken, in Zoogeschäften, auf Farmen, in privaten und öffentlichen Zoos. Ich habe Seminare über Tiere und ihr Verhalten geleitet, Tierbesitzern den Umgang mit ihren Missetätern beigebracht, habe Zoodirektoren geholfen, Probleme mit Tieren zu lösen und bin im Fernsehen, Radio und anderen Medien aufgetreten.

Aufs Schreiben wurde ich buchstäblich gestoßen, als ein Sturz von einem Heuhaufen mich hinderte, meinen eigentlichen Pflichten nachzukommen. Damals hatte ich keinerlei Vorstellung, wohin dieser Weg mich führen würde – ich folgte ihm einfach. Durch meinen Sturz wurde ich auch in die Erforschung alternativer Heilmethoden und spiritueller Praktiken hineinkatapultiert, sodass ich mich einer progressiven Tierklinik anschloss. Schließlich brachte mich eine Reihe gleichzeitiger Ereignisse dazu, dieses Buch zu schreiben.

Ich habe auf meinem Weg vieles ausprobiert und an den Weggabelungen warteten immer wertvolle Erkenntnisse auf mich. Die Reise hat mich schließlich an einen Platz geführt, wo ich die Einsichten, die ich in meinem Leben mit Tieren gesammelt habe, mit anderen teilen kann. Ich möchte Menschen eine Beziehung zu Tieren vermitteln, damit sie sie besser verstehen und für sie Sorge tragen. Aber mein Anliegen geht darüber hinaus.

Tiere bleiben immer in Kontakt mit dem Ursprung des Lebens – sie folgen keiner Religion oder spirituellen Praxis. Durch diesen »direkten Draht«, der vielen von uns fehlt, können Tiere uns auf neue Weise mit dem Göttlichen verbinden. Tiere können uns bei unserem persönlichen und spirituellen Wachstum helfen, denn sie führen uns zu einer Verbindung mit unserer Spiritualität, für die es keines religiösen oder konfessionellen Ansatzes bedarf. Manche Menschen suchen ein Leben lang nach einer solchen Verbindung. Wenn wir lernen, eine Beziehung zu Tieren aufzunehmen, kann dies ein erster Schritt sein, um zu unserer eigenen Spiritualität zu finden. Dieses Buch ist eine Einladung auf diesen Weg.

Diana Guerrero

Einführung: Auf den Spuren der Tiere zu uns selbst

Tiere sind ein Verbindungsglied zum Intuitiven und zum Göttlichen. Niemand kann sich – egal für welche Zeit – in der Nähe von Tieren aufhalten, ohne etwas zu lernen. Damit meine ich die verborgenen Lektionen jenseits von Tiertraining oder Verhaltensbiologie.

In diesem Buch will ich Methoden und Beispiele vorstellen, die Ihnen ein besseres Verständnis von Tieren vermitteln: Sie erfahren, wie Sie eine klare Kommunikation herstellen und gegenseitigen Respekt aufbauen können. Darüber hinaus werden Sie entdecken, wie Tiere uns helfen, Zugang zu unserer spirituellen Natur zu bekommen und unser persönliches Wachstum zu beschleunigen. Jede Stufe unseres Wachstums ist mit allen anderen verbunden, denn wir bestehen nicht aus Einzelteilen, sondern sind ein einheitliches Ganzes.

Man kann die Entwicklung des Bewusstseins im Laufe eines Lebens mit dem Ersteigen einer Leiter vergleichen. Auf jeder Sprosse begegnen wir bestimmten Lektionen, und wenn wir sie bewältigt haben, steigen wir weiter empor zur nächsten Stufe. Es kommt allerdings vor, dass man die Leiter mehrere Male hinauf- und hinabsteigt. Genauso ist es mit dem persönlichen Wachstum: Manche Lektionen müssen wir so lange wiederholen, bis wir sie begriffen haben.

Die ersten sieben Kapitel dieses Buches stehen für sieben archetypische Stufen. Auf der ersten Stufe geht es um grundlegende Einstellungen, die wir brauchen, um zu überleben. Auf dem Weg nach oben gelangen wir auf die siebte Stufe: zu unserem Glauben, zu Gebet und Meditation.

In den Kapiteln stelle ich Ihnen die unterschiedlichsten Lebewesen vor, die mir Schüler und Lehrer waren. In jedem Abschnitt begegnen Sie mehr Tieren als nur demjenigen, dessen Name die Überschrift ziert. »Die Treue des Hundes« macht uns nicht nur mit Hunden bekannt, sondern auch mit einem Elefanten, einem Seelöwen, den Moschusochsen und einigen fabelhaften Katzen. Dieses Kapitel handelt von Beziehungen: von Verantwortung, Fairness, Integrität, Macht, Loyalität, Ehre und Gerechtigkeit.

»Das Spiel des Otters« verdeutlicht, wie wichtig harte Arbeit, Entspannung und Spiel sind. In diesem Kapitel geht es um unsere Beziehung zu anderen Menschen, aber auch um das innere Kind, um körperliche Bedürfnisse und um Beharrlichkeit. Wir betrachten Kontrolle, Urteile, Emotionen, Kreativität und die Energie hinter unseren Entscheidungen. Dabei begleitet uns eine Menagerie aus Hunden, Meeressäugern, einem Pferd und einer Katze.

»Die Kraft des Eisbären« lockt uns in die Welt körperlicher Kraft und innerer Stärke. Zusammen mit Bären, Katzen, Insekten und Kojoten ergründen wir Themen wie Intuition, persönliche Macht, Selbstakzeptanz und Vertrauen.

»Das Herz des Löwen« führt uns zu Mitgefühl und Liebe. Diese Großkatzen erinnern uns daran, uns auf unsere Beziehungen zu konzentrieren und fordern uns dazu heraus, uns unseren Widersachern zu stellen. Sie werden Gypsy die Promenadenmischung kennen lernen und einen Blick in die Welt der Tierrettung und des Hundetrainings werfen.

»Der Ruf des Wolfes« handelt ausschließlich von hundeartigen Geschöpfen. Dabei zeigen uns Wölfe und Haushunde ihre Qualitäten: Selbstlosigkeit, Akzeptanz, das Eingestehen von Fehlern, Zuhören können und die Einstimmung auf die Natur.

»Der Weitblick des Adlers« hilft uns bei einem Perspektivenwechsel: Wir nähern uns unserer Intuition und inneren Bildern, innerer Freiheit, Achtsamkeit und Loslassen. Unsere Lehrer sind hier die Adler, Pelikane, Fledermäuse und Bären.

»Der Geist des Delfins« ermutigt uns, die Themen Harmonie, Synchronizität und die Bedeutung des Atems zu erforschen. Hier begleiten uns Haustiere ebenso wie wilde Tiere.

Das achte Kapitel hat ein anderes Anliegen als die ersten sieben. »Die Weisheit der Eule« enthält praktische Hinweise, wie Sie Ihre Beziehungen zu Tieren vertiefen und harmonischer gestalten können.

Das Nachwort schließlich geht kurz auf die Frage nach der Seele der Tiere ein. Schließen Sie sich mir auf dieser Reise an und entdecken Sie, warum Tiere unsere Seele berühren, und die unendliche Vielfalt dessen, was wir von ihnen lernen können!

1. Die Treue des Hundes

*Vom Geben und Nehmen
in Beziehungen*

Coras Welpen waren überall. Sie waren weniger als vierundzwanzig Stunden alt und nur damit beschäftigt, sich warm zu halten, Nahrung zu finden und durch Schlaf ihre Batterien wieder aufzuladen. Coras einzige Sorge war darauf gerichtet, ihre Welpen sicher, satt und sauber zu halten. Wenn sie den Hunger der Kleinen spürte, zog sie sie schnell näher an ihren Körper und ihre Zitzen heran. Die Welpen gaben kleine Knurr- und Winsellaute von sich, während sie auf der Suche nach Kontakt umhertasteten. Wenn sie einmal ihren Platz gefunden hatten, wurden sie ruhig und entspannt. So beginnen wir – einfach ausgedrückt – alle unseren Aufstieg auf der spirituellen Leiter: Wir suchen Bindung.

Wie die Welpen tasten wir zunächst umher auf der Suche nach Erfüllung unserer Grundbedürfnisse. Danach machen wir – unterstützt von unseren nächsten Verwandten und Freunden – einen Schritt hinaus, bevor wir uns schließlich in die Welt hineinwagen, um dort als selbstständige Wesen zu bestehen. Zu körperlichen und sozialen Bedürfnissen gesellt sich eine spirituelle Sehnsucht.

Einige Menschen stillen diesen Hunger, indem sie Trost in der Natur finden, andere finden ihn in einer Synagoge, einer Kapelle, Kathedrale, Moschee, einem Zendo oder Tempel. Manche erfahren die Suche als eine bewusste Reise, an der sie freiwillig teilnehmen, andere wehren sich und leisten so lange Widerstand, bis irgendein Ereignis sie in eine spirituelle Krise stürzt.

Oft führt uns eine spirituelle Suche oder Krise an den Fuß der spirituellen Leiter. Wenn wir auf die erste Sprosse steigen, wollen wir einfach nur dazugehören. Viele Individuen, Tiere wie Menschen, streben nach Anerkennung durch eine Gruppe oder nach Macht und Autorität. Auf dieser Ebene geht es um Lebensnotwendiges: Ernährung, Flüssigkeit, physisches Wohlergehen und Sicherheit. In Bezug auf Tiere schließen diese Bedürfnisse uns als Verantwortliche, Lehrer und Ernährer mit ein.

Seit Tausenden von Jahren leben Hunde mit den Menschen, sind ihnen Jagdbegleiter, loyale Wächter, geliebte Familienmitglieder und treue Gefährten. Hunde sind ihrer Natur nach Herdentiere, ihre Lebensdauer ist kürzer als die des Menschen. Wir sehen zu, wie sie heranwachsen, in eine neue Familie (von Menschen) hineinkommen, das Erwachsenwerden meistern, sich paaren und Junge aufziehen, wie sie mit dem Alter sanfter werden und schließlich in eine andere Sphäre hinübergehen. Wenn wir Glück haben, begleiten uns mehrere dieser Gefährten eine Zeit lang durch unser Leben. Wie die meisten Tiere verkörpern Hunde während ihres kurzen Lebens ideale Charakterzüge, sie dienen uns als gutes Beispiel für rechtes Verhalten und lehren uns viele andere Lektionen. Treue ist eine ihrer Eigenschaften.

Das Beste im anderen hervorlocken

Frank, ein obdachloser Mann, kam zu Mc Donald's um zu frühstücken. Draußen, auf einer Decke in der Nähe seines Fahrrads, wartete sein Hund. Es war ein Amerikanischer Staffordshire-Mischling, in guter körperlicher Verfassung und von gesundem Gewicht. Als Frank zurückkam, um das Frühstück mit seinem Gefährten zu teilen, zeigte sich, wie treu sie einander ergeben waren – die Liebe zueinander leuchtete aus ihren Augen. Ich fragte Frank nach seinem Leben und seiner gegenwärtigen Situation. Die Begegnung hinterließ einen tiefen Eindruck in mir. Die Beziehung zu seinem Hund half Frank, trotz seiner Situation ein besserer Mensch zu sein.

Frank verrichtete Gelegenheitsarbeiten im Austausch gegen Essen und manchmal auch für Geld. Dieser besondere Mc Donald's versorgte ihn mit Essen, wofür Frank als Gegenleistung half, den Außenbereich des Restaurants in Ordnung zu halten. Frank und sein Hund schliefen jede Nacht unter freiem Himmel, denn Frank hasste Obdachlosenquartiere, die Diebstahlgefahr und den Grundsatz »Keine Haustiere erlaubt«. Sein Hund hielt nächtliche Angreifer in Schach. Die beiden waren unzertrennlich, sie fühlten sich zu Hause bei den Kojoten in den Feldern und unter den Sternen.

Dank seines Hundes blieb Frank auf dem richtigen Weg. Der Hund protestierte mit Knurren und Bellen, wenn Frank sich unpassend verhielt. Um seine Aussage zu beweisen, stand Frank auf und sprang auf mich zu: Schnell trat der Hund zwischen uns und bellte ihn an. Während Frank den Hund beruhigte, lächelte er mich an. Frank ist loyal und gibt dem Hund sein Bestes. Das Tier ist seinem Menschen treu ergeben, es tröstet und beschützt ihn. Der Hund macht Frank auch darauf aufmerksam, welches Verhalten akzeptabel ist und welches nicht.

Tiere bringen uns dazu, dass wir uns wünschen, bessere Menschen zu sein. Menschen nehmen eine Menge auf sich, um Tieren und kleinen Kindern zu helfen. Ich frage mich, wie viele Menschen sich wegen der Loyalität und Liebe seines Hundes Frank gegenüber öffnen. Das Duo ist ein Beispiel für Interdependenz: wie zwei Wesen einander helfen, seien die äußeren Bedingungen auch noch so schwierig. Die beschützende Natur des Hundes wurzelt in Liebe und Anteilnahme, und die Loyalität, die ein Hund an den Tag legt, sollte uns Menschen ein Beispiel sein.

Eine in Loyalität und Liebe begründete Haltung kann Menschen verändern. Sie bringt Menschen auch dazu, sich für andere einzusetzen. Die Verantwortung für Tiere zu übernehmen ist eine wichtige Sache. Indem wir das Land einebnen und besiedeln, zerstören wir viele Wohnstätten von Tieren. Die Folge davon sind schwindende Tierpopulationen. In zoologischen Einrichtungen und ähnlichen Organisationen liegt das weitere Schicksal vieler Tiere in unserer Hand.

Durch die Bedrohung von Menschen- oder Tierleben lernen wir etwas über persönlichen Einfluss, Integrität, Verantwortung und manchmal auch über den Kampf um den Status Quo des Stammes. Stammesverhalten schreibt vor, dass seine Mitglieder zusammenhalten. In der Vergangenheit ging es dabei ums Überleben, heute ist das nicht mehr der Fall. Dennoch geben uns die Mitglieder von Cliquen, Sportteams oder Vereinen auch heute noch anschauliche Beispiele für »Stammesverhalten«. Ein Mensch, der gegen die Meinung der Mehrheit agiert, geht ein Risiko ein.

Wer gegen den Strom schwimmt, muss mit Konflikten, Aggression und Unbeliebtheit rechnen. Als Ersatzmutter für die mir anvertrauten Tiere kann ich sehr energisch für meine Schützlinge eintreten. In einem Fall wurden dadurch meine Überzeugungen und mein Durchhaltevermögen auf eine harte Probe gestellt.

Der inneren Überzeugung folgen

Während ich mit meinem Hund durch das Unterholz stapfte, stellte ich dem Universum die Frage: »Warum gerade ich? Warum bin immer ich diejenige, die verantwortlich gemacht wird?« In meinem Kopf ertönte die Antwort: »Wem viel gegeben wird, von dem wird auch viel verlangt!« Ich rief: »Das ist nicht die Antwort, die ich hören wollte!« Aber tief in meinem Inneren wusste ich, dass es wahr war.

Bei diesem besonderen Zwischenfall ging es um eine große Gruppe von Zoo-Elefanten. Die Verwaltung hasste die Zooleitung und die Zooleitung misstraute den Tierpflegern – es herrschte eine feindselige Atmosphäre. Die öffentliche Empörung über gefährliche Vorfälle mit Elefanten hatte alle Beteiligten in die Ecke gedrängt. In der Welt der Tierhaltung sind Frustration, Angst oder Misstrauen gewöhnlich eine Brutstätte für Aggressionen. In diesem Falle eskalierte die Aggression sowohl bei den Tieren als auch bei den Menschen.

Meine Besorgnis wuchs, während ich das Wechselspiel von Machtkämpfen, Unehrlichkeit und passiv-aggressivem Verhalten bei den beteiligten Menschen beobachtete. Wildtiere können sich im Notfall aggressiv verhalten, aber das ist normalerweise nicht ihre erste Wahl. Als die Aggression bei den Elefanten zunahm, bekam ich es mit der Angst zu tun. Ich wurde Zeugin, wie ein Elefant einen seiner Wärter verfolgte. Wenn ein Pflanzenfresser, also ein Tier das nicht jagt, einen Menschen verfolgt, ist das ein sehr schlechtes Omen. Ohne es zu wollen war ich auf einen Haufen Probleme gestoßen und mitten hineingeraten.

Schließlich entschied ich mich dafür, etwas zu unternehmen, um zumindest meine Mitarbeiter abzusichern und die Bedingungen für die Tiere zu verbessern. Es war ein aufreibender Prozess. Ich versuchte, von innen her eine Veränderung in Gang zu setzen, aber es funktionierte nicht. Anschließend unternahm ich gerichtliche Schritte, ebenfalls ohne Erfolg. Danach trug ich das Gefühl mit mir herum, die Schlacht verloren zu haben – aber ich irrte mich.

Nachdem ich fortgegangen war, kam es zu Veränderungen in der Elefantenabteilung. Die gehassten Führungskräfte und Controller wechselten in eine andere Einrichtung, der Zoo schaffte neue Anlagen an, und während der Sitzungen gab es offene Diskussionen ohne Angst vor Konsequenzen. Als ich zweieinhalb Jahre später dorthin zurückkehrte, bekam ich zu hören: »Du kannst dir gar nicht vorstellen, wie viel du damals bewirkt hast!«

Beim Anblick der Elefanten fühlte ich mich sofort wieder mit ihnen verbunden. Als ich das innerste Heiligtum hinter den offenen Gehegen betrat, eilten die Elefantendamen herbei, um mich zu begrüßen. Sie traten nahe an mich heran und berührten mich mit ihren Rüsseln, atmeten meinen Geruch ein und baten mich darum, in ihre Rüssel zu pusten. Sidra drehte sich auf die Seite und lehnte sich eng an mich, womit sie Rhani den Weg verstellte. Diese langte über das Hindernis hinweg und öffnete ihr Maul. Beide Elefanten forderten mich auf ihre Zungen zu reiben, was für Elefanten eine intime Form der Begrüßung ist.

Vor Aufregung flatterten sie mit den Ohren und strichen mit dem Rüssel über meinen Mund und meinen ganzen Körper, um sicher zu gehen, dass ich es war. Ich fuhr fort, ihre rauen Körper zu reiben, ihren Geruch einzuatmen und in ihre Rüssel zu blasen. Ich rieb Sidras Zunge, sie machte zufrieden knurrende Geräusche und trompetete. Sie sabberten mich ganz voll mit ihren tropfenden Rüsseln. Dickhäuterzärtlichkeiten – es gibt nichts Vergleichbares!

Es waren die Elefanten, die mich dazu gebracht hatten, meine Prioritäten zu setzen und einen Standpunkt zu beziehen. Ich konnte damals entweder »meine Seele verkaufen« oder »eine Erklärung an das Universum abgeben«. Ich entschloss mich das Richtige zu tun, egal um welchen Preis, und Tiere waren die Katalysatoren für diesen Entschluss.

Zu meiner Lektion gehörte eine Überprüfung meiner persönlichen Integrität, das Übernehmen von Verantwortung und der Einsatz von persönlicher Macht, um etwas zu bewirken. Ich musste mir existenzielle Fragen stellen und mir über meine Beziehung zu den größeren Dimensionen des Lebens klar werden.

Kurz nach diesem aufbauenden Besuch bei den Elefanten forderte eine meiner Lieblingsgeistlichen, Wendy Draig-Purcell, die Mitglieder ihrer Gemeinde auf, ihr Verhalten zu überprüfen, wenn sie allein mit sich waren. Wendy fragte: »Wie verhaltet ihr euch, wenn niemand zuschaut? Fahrt ihr weiter, wenn die Ampel rot und niemand in der Nähe ist? Behaltet ihr das überzählige Wechselgeld? Was macht ihr, wenn ein Bankautomat ein paar zusätzliche Scheine herausgibt, die nicht auf eurem Kontoauszug auftauchen? Greift ihr zu einer Notlüge, wenn ihr einer Sache aus dem Weg gehen wollt? Parkt ihr im Halteverbot? Euer wahres Selbst offenbart sich in dem was ihr tut, wenn niemand zuschaut.«

Tiere bestehen diese Prüfung mit Bravour! Tiere sind immer gleich, was auch geschieht. Ein Hund gibt Ihnen klar zu verstehen, ob er Sie mag oder nicht. Vielleicht sind Sie schon einmal nach Hause gekommen zu einem Hund, der etwas falsch gemacht hat. Versteckt er sich vor Ihnen? Im Allgemeinen lautet die Antwort »nein«. Der Hund duckt sich, er unterwirft sich Ihrem Willen. Er übernimmt die Verantwortung und bekennt sich zu seiner Missetat. Wie reagieren Sie? Wenn Sie mir ähnlich sind, dann jagen Sie umher, um herauszufinden, was er angestellt hat. Ihre Reaktion ist wichtig, Ehrlichkeit sollte nicht bestraft werden.

Macht und Überlegenheit bringen eine große Verantwortung mit sich. Sie fordert von uns, aufrichtig zu sein und das Rechte zu tun, ganz gleich wer dabei zuschaut oder was es uns kostet. Wenn wir einem spirituellen Weg folgen, tun wir das Notwendige, um unserer Verantwortung gerecht zu werden. Es kann ein schwerer Weg sein. Auf dieser Stufe das Gleichgewicht zu verlieren kann scheußliche Folgen haben und gewöhnlich sind es die Tiere, die darunter leiden. Oft zeigt sich dieses Ungleichgewicht in dem Versuch, andere zu kontrollieren oder zu beherrschen.

Herrschaft oder Verantwortung?

Zusammen mit dem Gutachter des Veterinäramtes war ich gekommen, um die Sachlage zu prüfen. Der Anblick des Löwen tat mir im Herzen weh. Er lag angekettet im engen Hinterhof eines Hauses am Stadtrand von Los Angeles, war unterernährt und litt an Rachitis. Sein Knochenbau konnte sein Gewicht nicht mehr tragen – er konnte weder aufrecht stehen noch sich bewegen, ohne Gefahr zu laufen, sich die Knochen zu brechen. Statt einem robusten Männchen mit seiner typischen Mähne glich er einer Löwin. Schlechte Ernährung und mangelnde Pflege hatten seine natürliche Entwicklung behindert.

Bestürzt berichtete mir der Gutachter, der Besitzer des Löwen bestehe darauf, dass dieser vegetarisch leben könne. Wegen der Engstirnigkeit seines Besitzers wurde der Löwe nicht angemessen ernährt. Dieser Mann nahm die Bibelstelle wörtlich, in der es heißt: »Der Löwe frisst Heu wie ein Rind« (Jesaja 11,7). Er war überzeugt, der Löwe könne von pflanzlicher Nahrung leben und erwartete zudem, dass der Löwe dann friedlich neben Tieren liegen würde, die ein Raubtier normalerweise verschlingt. Die arme Kreatur konnte sich kaum noch bewegen. Dieser Mensch wollte seinen Standpunkt durchsetzen, egal um welchen Preis.

Zum Glück begegnete ich dem dafür verantwortlichen Menschen nicht. Ob er gestört war, naiv oder machthungrig? Jedenfalls hatte er eine verzerrte Vorstellung von Herrschaft und hielt die Kontrolle über ein anderes Lebewesen für ein Symbol großer Stärke. Er wurde seiner Verantwortung als Versorger des Tieres nicht gerecht. Wilde Tiere haben Bedürfnisse, die über die von Haustieren weit hinausgehen. Physische Macht oder Kontrolle hat nichts mit innerer Stärke zu tun. Wahre Stärke stammt nicht aus einem physischen, sondern aus einem spirituellen Zentrum.

Die Notwendigkeit eines solchen persönlichen Wachstums zeigt sich überall da, wo Menschen die grundlegende Versorgung ihrer Tiere nicht erbringen, wo sie ihre Schützlinge im Stich lassen, vernachlässigen oder schlicht missbrauchen. In Tiertrainingskursen tritt das Ungleichgewicht zu Tage, wenn Besitzer Befehle brüllen oder unablässig herumkommandieren, wenn sie die Tiere mit körperlichen Mitteln zwingen, ihren Willen auszuführen, oder etwa einen Welpen mit dem Gesicht in die eigenen Ausscheidungen stoßen (eine gebräuchliche Technik im Tiertraining alter Schule), weil sie glauben, sie könnten damit zukünftig derartige Zwischenfälle verhindern. Diese Methode funktioniert nicht, es gibt andere Wege, um Tieren das richtige Verhalten beizubringen.

Tiere akzeptieren ihre Menschen und das, was ihnen angeboten wird. In einer ausgeglichenen Beziehung sind sie meistens friedlich und in Bezug auf die meisten ihrer Bedürfnisse sind sie völlig vom Menschen abhängig. Wer wirklich kraftvoll ist, hat es nicht nötig, sich mit Gewalt Geltung zu verschaffen. Beobachten Sie die Tiere, wenn sie miteinander oder um Ihre Aufmerksamkeit wetteifern. Feinste Veränderungen in der Körperhaltung reichen ihnen aus, um ihre Gedanken und Gefühle zum Ausdruck zu bringen.

Dominante Hunde setzen sich nicht immer durch. In der Hundewelt gibt es eine anerkannte Ordnung und Etikette. Der Schäferhund Sam zum Beispiel war ein selbstsicheres Tier. Er hielt Körper und Schwanz hoch aufgerichtet. Wenn er auf andere Hunde traf, setzte er sich in Positur. Er ging als Erster durch die Tür, fraß als Erster und begrüßte seine Besitzer als Erster. Als der junge Hund Rusty dazukam, schien es so, als würde alles, was Rusty tat, Sam aufregen. Die Besitzer konnten es nicht leiden, wenn Sam knurrte, und banden ihn an. Aber Sam brachte Rusty Grenzen und angemessene Umgangsformen bei. Die Hundebesitzer waren klug genug, die Hunde ihr Problem selbst lösen zu lassen, daher passierte nichts Schlimmes. Mittlerweile verbringt die ganze Familie ihre Zeit zusammen zu Hause und in der Öffentlichkeit, ohne dass es irgendwelche Disharmonien gibt.

Schwierig wird es, wenn Leute von falschen Vorstellungen ausgehen und sich einmischen. Hundebesitzer, die ausgleichend eingreifen wollen, verursachen Probleme. Zum Beispiel sollte Sam als dominanter Rüde zuerst begrüßt werden. Würde man Sam ignorieren oder Sam fortstoßen, um Rusty als Ersten zu begrüßen, würde das zu ernsthaften Auseinandersetzungen führen. Manche Leute glauben, es sei nicht fair, wenn ein Hund mehr Aufmerksamkeit bekommt als ein anderer – sie wollen Gleichberechtigung unter Tieren. Es ist aber eine Tatsache, dass Tiere innerhalb einer Hackordnung leben. Fair zu sein ist eine Sache, aber klug zu sein und die Ordnung der Dinge zu achten, ist eine andere. Manche Menschen tun sich schwer damit, die natürliche Hierarchie der Tierwelt zu akzeptieren, genauso wie es vielen schwer fällt anzunehmen, wie ihr eigenes Leben aussieht. Wenn Menschen Unrecht erfahren, können Rachegelüste, Opfermentalität, Bitterkeit und Enttäuschung in ihnen aufsteigen. Aber die einzige wirkliche Gerechtigkeit ist die göttliche. Um zu einer positiven Haltung zu finden, müssen wir unsere Vorstellungen davon aufgeben, wie die Dinge »sein sollten«. Im Annehmen dessen, was uns im Leben begegnet, liegt eine weitere Chance zu wachsen.

Im Jetzt leben

Tiere akzeptieren das Leben so, wie es ist. Sie leben ganz in diesem Moment. Sie lehren uns gegenwärtig zu sein und uns nicht in unwichtigen Details zu verlieren. Die Vergangenheit ist vorbei, die Zukunft noch nicht gekommen, das Jetzt ist kostbar und währt nur kurze Zeit. Die Sache ist die: Der gegenwärtige Moment ist der *einzige* Moment. Tiere leben stets in der Gegenwart. Ihre Aufmerksamkeit ist voll und ganz auf uns, die Situation oder das aufregende Objekt ihrer Wünsche gerichtet. Menschen sagen: »Sei im Hier und Jetzt!«, »Lebe bewusst!« und Ähnliches. Tiere versuchen schon seit Äonen, uns auf diese Botschaft aufmerksam zu machen.

Sheila, eine Kaliko-Katze, lebt mit dem Hund Fletcher und ihrer Besitzerin Lisa zusammen. Sheila suchte sich Lisa aus, als diese ein Tierheim besuchte. Lisa erzählte: »Sie streckte ihre Pfote nach mir aus, packte mich und ließ sich nicht ignorieren. Ich verbrachte etwas Zeit mit ihr und nahm dann meinen Hund Fletcher mit, damit wir sehen konnten, wie sie miteinander auskamen. Sie schaffte all das spielend und kam mit uns nach Hause. Sie lebt nun seit fünf Jahren hier.«

Lisa arbeitet viel, aber jeden Abend eilt sie nach Hause zu ihren kostbaren Tieren. Zwischen Sheilas Possen und den Spaziergängen mit Fletcher ist sie unablässig beschäftigt. Lisa erklärte: »Sie bedeuten mir sehr viel. Wenn ich nach Hause komme, veranstalten sie eine Willkommensparty für mich: Fletcher wedelt wie verrückt mit dem Schwanz und bringt mir sein Lieblingsspielzeug, Sheila wickelt sich um meine Beine. Ganz gleich, wann ich nach Hause komme und womit sie gerade beschäftigt sind, sie sind immer voller Begeisterung und ich stehe für sie im Mittelpunkt. Wenn ich zerstreut bin und herumrenne, laufen sie hinter mir her und warten so lange, bis ich meinen Verstand wieder soweit beisammen habe, um sie zu begrüßen.«

Sie zeigen Lisa, wie wichtig sie ihnen ist und dass sie ihre volle Aufmerksamkeit verdient – aber das ist nicht die einzige Rolle, die die Tiere in ihrem Leben spielen. Wenn Lisa sich zu sehr in ihrer Arbeit verliert, fängt Sheila an, sie zu terrorisieren. »Ich kann stundenlang am Stück arbeiten und völlig mein Zeitgefühl verlieren. Fletcher kommt und schubst mich oder er bringt mir seinen Ball, wenn er denkt, dass es Zeit für eine Pause ist. Sheila dagegen ist ein kleiner Tyrann. Sie kommt zu mir und macht sich auf meiner Tastatur breit oder auf den Papieren, die ich gerade sortiere. Wenn ich lese, springt sie einfach hoch und legt sich auf das Buch. Ich weiß immer, wann ich es übertreibe, weil sie mich daran erinnern.«

Lisa gibt zu, dass sie sie manchmal warten lässt, aber dass die Tiere sie zwingen, sich eine kleine Pause zu gönnen, wenn sie es wirklich nötig hat. Sie versuchen ihr zu zeigen, was wirklich wichtig ist. Wie oft verlieren wir uns in der Routine des täglichen Lebens, statt uns mit den Lebewesen in unserer Nähe zu beschäftigen? Lisas Tiere sind fordernd, aber sie akzeptieren es auch, wenn sie ihren Forderungen nicht sofort nachkommt. Noch wichtiger ist: Sie sind ein Beispiel für das Geben und Nehmen, das zu jeder Beziehung gehört, einschließlich dessen, dass man das Verhalten und die Wünsche seiner Lieben akzeptiert.

Fragt man Menschen nach ihren Haustieren, erklären sie, dass sie sich von ihnen so angenommen fühlen wie sie sind, mit dem, was sie tun, und mit all ihren Fehlern. Viele Menschen haben das Gefühl, nicht akzeptiert zu werden oder nicht dazuzugehören. Früher wohnten Freunde und Verwandte in der Nähe und konnten sich um die Kinder kümmern, aber heute kommen nicht mehr viele in den Genuss, so behütet aufzuwachsen. Sie leben auch nicht mehr in den Häusern, in denen ihre Vorfahren lebten.

In meiner Heimatstadt hatte ich noch Schulkameraden, deren Eltern die gleiche Schule besucht hatten wie meine. Meine ganze Familie lebte in derselben Stadt und wir sahen uns ständig. Es ist noch nicht lange her, seit diese Familien in die USA einwanderten und dort Wurzeln schlugen. Ganze Familienverbände wuchsen gemeinsam auf. Man kannte seine Großeltern, Tanten, Onkel und Vettern, weil man sich ständig besuchte. Die Nachbarn pflegten vertrauten Umgang miteinander und mit den Familien, die in der Nähe wohnten. Die Menschen fühlten sich angenommen und als Teil einer größeren Gemeinschaft. Die meisten Leute kannten auch die Tiere in ihrer Gegend.

Warum kennt eigentlich jeder die Tiere aus der Nachbarschaft? Tiere zeigen bedingungslose Akzeptanz. Haben Sie Zweifel? Dann gehen Sie einmal in einen Park und beobachten Sie eine Gruppe von umherlaufenden Hunden. Wenn Sie einen Ort betreten, wo es gesellige Hunde gibt, kommen sie angelaufen, um Ihnen – wenn auch nur kurz – Hallo zu sagen. Wenn ein fremder Hund sich einer Gruppe von spielenden Artgenossen nähert, rennt jeder Hund hin, um ihn zu begrüßen. Nach den rituellen »Hallos«, zu denen das Schnüffeln und eine bestimmte Körperhaltung gehört, kann das neue Tier sich dem Spiel anschließen. Der gut sozialisierte Hund ist ein geniales Tier, jeder Neuankömmling wird ohne Vorbehalt willkommen geheißen. Ist der Neuankömmling nicht freundlich, löst sich die Situation schnell auf und das Tier wird sich selbst überlassen. Welches Verhalten es auch zeigt, es ist immer ehrlich und direkt und wird von den anderen Hunden akzeptiert.

Tiere begrüßen nicht nur Tiere, sondern auch Menschen. Viele nehmen ihre Tiere mit zu anderen Menschen, weil sie sich soziale Kontakte für ihre Lieblinge wünschen. Tiere schaffen Gemeinschaft, indem sie Menschen zusammenbringen und dazu anregen, einander kennen zu lernen.

Die Angst überwinden

Gefühlsäußerungen von Tieren sind immer offen und ehrlich. Wenn ein Tier beispielsweise ängstlich oder aggressiv ist, zeigt es das klar durch sein Verhalten, seine Haltung und Lautgebung.

Cindy war ein ängstlicher Deutscher Schäferhund. Viele Leute nahmen automatisch an, sie sei als junger Hund misshandelt worden, aber das war nicht der Fall. Sie kam einfach mit einem unterwürfigen Temperament zur Welt.

Es gibt ein kurzes Zeitfenster während der Welpenzeit, in dessen Verlauf Hunde die richtige soziale Etikette erlernen müssen. Bleibt diese Sozialisation aus, können sie bestimmte Verhaltensprobleme entwickeln, wie zum Beispiel die Angstaggression. Cindy erhielt während des kritischen Zeitrahmens nicht die erforderliche Sozialisation. Zudem erlebte sie eine ungenügende Integration in ihr neues Zuhause, sowie strenge Trainingsmethoden, die ihre Angst nur verstärkten. Sie griff an, sobald sie in die Enge getrieben oder bedroht wurde.

Anzugreifen war jedoch nie ihre erste Wahl. Wenn sie sich bedroht fühlte, knurrte sie, klemmte ihren Schwanz zwischen die Beine und legte die Ohren an. Als letztes Mittel, um sich selbst zu verteidigen, wich Cindy zurück oder zwängte sich in eine geschützte Ecke. Zu einer anderen Zeit oder in einer anderen Umgebung konnte die gleiche Person sich ihr nähern, ohne eine negative Reaktion hervorzurufen. Cindy reagierte immer auf die momentanen Gegebenheiten.

Das Gleiche gilt auch für andere Verhaltensweisen. Zum Beispiel gibt ein Tier, das aggressiv ist, ein Warnsignal. Wird die Warnung ignoriert, dann folgen Konsequenzen. Wir Menschen achten nicht immer auf die Nachrichten, die wir durch Lautgebung, Körpersprache und andere subtile Signale bekommen.

Tiere wie Cindy können sich gut entwickeln, wenn die Besitzer sorgfältig daran arbeiten und dem Tier eine sichere und zuverlässige Umgebung bieten. Oft ist mehr an Intervention nötig als das übliche Hundetraining. In schweren Fällen können Verhaltenstraining, alternative Therapien und sogar pharmazeutische Eingriffe helfen. Cindys Besitzer glaubten, ihre Psyche sei zu schwierig, der Zeitaufwand für eine Veränderung zu groß und das Risiko für andere zu hoch. Sie entschieden sich für eine Einschläferung. Manchmal ist das Einschläfern eines Tieres das Barmherzigste, was wir tun können.

Die Angstreaktion

Die Ängste wilder Tiere haben mit dem Überleben zu tun. Ein unbekanntes Tier oder ein Raubtier ruft bei manchen Spezies intensive Beobachtung hervor, bei anderen Flucht. Instinkte sichern das Überleben. Es kommt jedoch auch vor, dass Tiere ein Raubtier anstarren, ohne sich zu bewegen. Sie stimmen sich so sehr auf andere ein, dass sie fühlen, wann ihnen Gefahr droht und wann nicht. Menschen neigen dazu, alle Arten von Ängsten, realistische wie irrationale, mit der gleichen emotionalen Reaktion zu beantworten. Auf unserem Weg zu spiritueller Reife müssen wir lernen, zwischen den verschiedenen Formen der Angst zu unterscheiden und die angemessene Reaktion zu finden.

Meine Aufmerksamkeit für intuitive sowie nonverbal übermittelte Botschaften hat mich in all diesen Jahren vor Tieren geschützt. Manchmal habe ich es aufgrund eines instinktiven Gefühls abgelehnt, mit einem Tier zu arbeiten, manchmal aufgrund von Signalen, die ich von dem Tier selbst empfangen habe. In einem dieser Fälle spielte ein Luchs eine Rolle.

Als ich mich dem Luchsgehege eines kleinen Zoos näherte, hockte das Tier in der Nähe der Eingangstür auf dem Dach seiner Höhle. Da ich neu in der Einrichtung war, hatte ich jemanden zur Supervision dabei. Der Aufseher forderte mich auf, den Käfig zu betreten. Als ich die Lage überblickte, wusste ich, dass das Probleme bereiten würde: Wenn ich den Käfig betrat, konnte der über mir sitzende Luchs mir leicht auf Kopf, Nacken oder Schultern springen. Die Augen der Katze waren weit geöffnet und sie hatte ihre Ohren auf eine Weise angelegt, die auf Irritation hindeutete. Daraus konnte ich lesen, dass es dumm wäre, das Gehege zu betreten, solange die Situation sich nicht änderte. Wir konnten entweder den Luchs dazu bringen, seinen Platz zu wechseln, oder die Arbeit auf einen anderen Zeitpunkt verschieben.

Wir entschieden uns schließlich, die Katze in einen anderen Bereich des Geheges zu locken. Wir hätten sie auch zwingen können, aber es ist immer besser, dem Tier eine Wahl zu lassen. Unsere einfache Aktion, sie mithilfe einer Belohnung zur anderen Seite des Geheges zu locken, beeinflusste ihre Stimmung und lenkte sie ab. Als sie sich entspannt in einem anderen Teil des Geheges aufhielt, konnten wir unsere Aufgabe mit Leichtigkeit erledigen.

Manchmal bekommen wir die Signale, die Menschen oder Tiere uns senden, nicht mit – solche Unaufmerksamkeit kann uns in unangenehme Situationen bringen. Wenn jemand bei einer Auseinandersetzung ängstlich oder feindselig ist, ist es das Beste, erst einmal einen Schritt zurückzutreten. Nimmt man sich die Zeit die Situation einzuschätzen, erkennt man, wann man das Problem besser direkt angeht und wann man es lieber bis zu einem späteren Zeitpunkt ruhen lässt. Gewalt und heftige Auseinandersetzungen bringen nichts als Verteidigungsversuche, Feindseligkeit oder Ablehnung. Man kommt weiter, wenn man die Dynamik der Situation verändert, es später noch einmal versucht oder dem anderen einen sicheren Rückzug ermöglicht – dieselben Strategien, die man auch bei Tieren anwendet.

Die meisten Tiere vermeiden nach Möglichkeit heftige Auseinandersetzungen, denn diese sind ein Risiko für ihr Überleben und ihre Gesundheit. Wenn zwei Hauskatzen sich streiten, stellen sie sich in Positur und stoßen Warnlaute aus. Dann einigen sie sich entweder auf einen Rückzug oder sie beginnen miteinander zu kämpfen. Da Kämpfe schwerwiegende Folgen haben können, kommt es nicht allzu oft dazu. Für Menschen sind die Konsequenzen ähnlich miserabel, denn aus hitzigen Streitigkeiten geht gewöhnlich nichts Gutes hervor.

Alle Tierarten dieser Welt spielen eine wichtige Rolle. Sie sind auf einzigartige Weise an das Leben in ihrer Umgebung angepasst und tragen dazu bei, die Natur im Gleichgewicht halten. Wenn sie sich selbst überlassen bleiben, leben sie in einer Harmonie, die die Umwelt stabilisiert. Wir Menschen neigen dazu, gewaltsam einzugreifen, indem wir zu verbessern suchen, was bereits funktioniert. Im Laufe dieses Prozesses haben wir Tiere domestiziert und sie auf ein Leben mit Menschen hin umgeformt. Manche dieser Tiere können Phobien entwickeln. Es ist selten, dass ein in Gefangenschaft lebendes Wildtier irrationale Ängste hat, aber es kommt vor.

Die Phobie von Kelpie, dem Seelöwen, galt jedem Mann, der einen Cowboyhut und eine Sonnenbrille trug. Wenn wir auf die Bühne traten, konnte Kelpie einen Mann mit dem gefürchteten Outfit unter hundert Leuten ausmachen. Vielleicht gründeten seine Ängste in der Erinnerung an einen früheren Trainer, der diese Accessoires bevorzugte, vielleicht war es aber auch nur ein verrückter Tick. Wenn ich den unschuldigen Störenfried nicht gleich zu Beginn ausfindig machte und die Situation bereinigte, sprang Kelpie mit einem Satz von der Bühne. Manchmal bat auch ein Assistent den Mann, die störenden Objekte abzusetzen oder ich schaffte es, Kelpie mithilfe eines komplizierten Verfahrens abzulenken. Wenn es mir nicht gelang, ihn in Anwesenheit des gefürchteten Huts und der Brille beschäftigt oder ruhig zu halten, machte Kelpie sich auf und davon.

Menschen haben ähnlich starke Abneigungen, und Tiere lösen bei Menschen vielerlei Ängste aus. Als ich begann, Tiershows zu leiten, fand ich tiefste Befriedigung darin, die Angst- und Entsetzensschreie in Ausrufe der Bewunderung und des Respekts zu verwandeln. Diese intensiven Reaktionen wurden meist von Reptilien hervorgerufen, besonders von Schlangen und Taranteln, aber auch von unvertrauten Tieren, wie zum Beispiel Geiern.

Spinnen und Schlangen sind die am meisten gefürchteten Tiere. Es gibt eine ursprüngliche Reaktion auf diese Geschöpfe, die an Panik grenzt. Tatsächlich sind diese Tiere faszinierend und längst nicht so gefährlich wie ein Tiger oder ein Schimpanse. Unzählige Leute wünschen sich, einmal einen Tiger zu streicheln oder mit einem Affen zu spielen, aber in Wahrheit würden diese Tiere viel eher einen Menschen verletzen. Die kleineren ungiftigen Spinnen und die glatten Schlangen sind meist gar nicht dazu in der Lage, Menschen zu verletzen, weil ihr Maul viel zu klein ist. Trotzdem sind diese Phobien so weit verbreitet, dass es sogar spezielle Namen für sie gibt: Arachnophobie für Spinnen- und Ophidiophobie für Schlangenangst.

Einander helfen

Der Moschusochse hat zottiges Fell und Hörner, die ihm wie ein Helm zur Abwehr dienen. Die Hörner folgen seitlich den Konturen des Kopfes und verlaufen dann in einer scharfen Krümmung nach oben. Diese Tiere haben eine Strategie, um die verletzlichen Mitglieder ihrer Herde zu schützen und Raubtiere wie Wölfe und Bären abzuwehren. Die erwachsenen Tiere benutzen ihre Körper, um eine Festung zu bilden, indem sie die Kälber in die Mitte nehmen. Die Kühe und Bullen stehen im Kreis, den Rumpf nach innen, den Kopf nach außen dem Feind zugewandt. Wenn es erforderlich ist, stürmen die älteren Bullen aus der Gruppe vor, um die Bedrohung abzuwehren. Oft werfen sie das Raubtier mit einem schnellen Stoß ihrer Hörner in die Luft und teilen vernichtende Hiebe mit ihren Hufen aus. Der Moschusochse ist ein gutes Symbol dafür, wie Sie Ihren Ängsten begegnen können: Sammeln Sie sich, stellen Sie sich mutig dem, womit Sie sich auseinander setzen müssen. Nutzen Sie die Begabungen oder Hilfsmittel, die Ihnen zur Verfügung stehen, und gehen Sie die Sache an.

Manchmal erscheint uns das Problem größer als es in Wirklichkeit ist. Wenn wir ihm ins Gesicht sehen, verändert sich unsere Perspektive. Wenn wir den Pfad des Lebens bewusst gehen, wandeln sich unsere Ansichten und Vorstellungen. Ein Beispiel aus der Tierwelt ist die veränderte Einstellung unserer Gesellschaft zu Wölfen. In den USA und in Europa gab es früher viele Wölfe. Die Ureinwohner Amerikas hatten immer Ehrfurcht vor der Natur, aber andere Siedler und Kulturen gingen anders an die Wildnis heran. In volkstümlichen Überlieferungen und Märchen wurden Wölfe als wilde, gerissene und blutrünstige Tiere dargestellt. Das erzeugt Furcht und Hass in Dörfern und Siedlungen. Die Wölfe wurden als wilde Bestien verfolgt und um ihrer Pelze willen bis an den Rand der Ausrottung gejagt.

Heute stellt sich uns die Geschichte völlig anders dar. Die Beobachtungen und Begegnungen, die wir während unserer Unternehmungen zum Schutz der Tiere machen, enthüllen ein ganz neues Bild. Wölfe, für ihre starken Kiefer und großen Zähne bekannt, sind ebenso berühmt für ihre Tapferkeit, ihre Treue zur Familie, ihre Zärtlichkeit im Umgang mit den Jungen, ihre komplexen Sozialgefüge und ihre Geduld mit anderen Tieren im Rudel. Heute sind Wölfe respektierte Wesen, von denen wir etwas über das Familienleben lernen können und darüber, wie man in Harmonie mit der Natur lebt. Es sind nicht die Wölfe, die sich verändert haben, es ist unsere Art, sie zu sehen.

Das Leben dieser Tiere gibt uns Hinweise darauf, was wir zur Aufrechterhaltung einer gesunden Familienatmosphäre beachten müssen. Wölfe zeigen uns, dass wir hart daran arbeiten müssen, die Konflikte in unserer Familie zu lösen, dass wir in ständigem Austausch miteinander bleiben müssen, dass wir faire und solide Regeln setzen und uns daran halten müssen, dass wir Freundlichkeit und Festigkeit im Umgang mit unseren Kindern brauchen und Geduld und Verständnis aufbringen müssen, um mit anderen Menschen zusammenzuleben. Wir können uns glücklich schätzen, die Wölfe in der wilden Natur und die Hunde in unseren Häusern zu haben!

Hunde, die bei uns leben, bieten uns die einzigartige Gelegenheit, von ihrem Beispiel zu lernen. Zuerst sind die Welpen scheu und haben Angst, sich weiter fort zu bewegen, denn sie verirren sich leicht. Wir beobachten ihre frühe Suche nach Kontakt und sehen, dass diese Zeit schnell vorübergeht. Schon bald beginnen die Welpen umherzustreifen und die Gegend zu erforschen. Unter unseren Augen wachsen sie heran und werden unabhängig. Sie lernen Artgenossen kennen, ihre menschlichen Bezugspersonen und ihre Umgebung.

Es dauert nicht lange und sie tollen herum, spielen, üben neue Fertigkeiten und entwickeln sich zu selbstständigen Tieren. Gerade dann, wenn es so aussieht, als hätten sie das Wie und Warum des Lebens begriffen, werden sie ihrer ersten Hundefamilie entrissen und in ein menschliches Zuhause gegeben. Und wieder haben sie Angst. Sie heulen, winseln und suchen nach Trost.

Wie soll der kleine Hund wissen, dass es sich wieder um die gleiche Lektion handelt? Dieses Mal bedeutet die Veränderung, dass er lernen muss, sich einer neuen Umgebung anzupassen. Er muss neue Beziehungen zu Fremden knüpfen, manche davon sind Menschen und manche Tiere. Es gilt Regeln zu befolgen und eine neue Sprache zu erlernen. Wird er sich selbst überlassen, stellt er allen möglichen Unfug an, doch glücklicherweise bietet das menschliche Heim ihm Führung und Liebe. Erneut sucht der kleine Hund nach Kontakt. Es ist das Streben nach Verbindung, nach Bindung, das ihn auf eine neue Reise schickt – auf den Weg der Rebellion und der Reifung.

Wenn der junge Hund ein Gefühl der Sicherheit erlangt, versucht er die Grenzen auszutesten. Diese Grenzen vermitteln ihm, was er tun darf und was nicht. Er verwendet viel Energie darauf und diese Versuche werden zu einer Quelle von Gelächter, Frustration und Liebe. Diese Phase bringt den Menschen in seinem Haus viel Lachen und Leichtigkeit. So gelangen auch wir – wie der junge Hund – zur zweiten Stufe der spirituellen Leiter.

2. Das Spiel des Otters

*Vom Durchhalten und
Loslassen*

Sanft trieben die Seeotter dahin, gewärmt von der Morgensonne, gewiegt vom rhythmischen Auf und Ab der Meereswellen. Nichts war zu hören an diesem unberührten Morgen als der Klang der Wellen, die sich an der Küste brachen, und die Schreie der Möwen.

Während ich meinen Kaffee trank, erschien es mir plötzlich seltsam, dass die Otter so still waren. Wegen ihres hohen Stoffwechselumsatzes sind sie ständig auf Futtersuche. Normalerweise tauchen sie immer wieder hinab nach Beute. Kurz darauf kommen sie an die Oberfläche und lassen sich auf dem Rücken treiben, wobei sie Seeigel, Weichtiere und Krebse verspeisen. Oft nehmen sie dabei einen Stein zur Hilfe, um die Schalen aufzubrechen und an das nahrhafte Fleisch zu gelangen.

Wenn sie damit fertig sind, nehmen sie ihre Arbeit wieder auf oder beschäftigen sich intensiv mit ihrer Körperpflege. Weil Otter keine schwere Fettschicht haben, die sie wärmt, verlassen sie sich auf die isolierenden Eigenschaften ihres Fells, das ständig gereinigt und aufgeplustert werden muss, damit sich kleine, wärmende Lufttaschen bilden können. Otter sind arbeitsame Tiere, auch wenn man es nicht glauben möchte, wenn man sie in einem stillen Moment wie diesem beobachtet.

Otter leisten stets vollen Einsatz bei der Arbeit, aber auch im Spiel. Diese geschickten und flinken Schwimmer verfolgen sich gegenseitig, schlagen Purzelbäume, jagen ihren Schwänzen hinterher oder spielen im Seetang Verstecken. Beim schnellen Herumtollen im Wasser können ihre wellenförmigen Bewegungen sie in die Luft und auf die felsige Küste katapultieren. Obwohl sie überwiegend Einzelgänger sind, bilden Otter manchmal kleine Gruppen und Gemeinschaften.

Otter erinnern uns daran, fleißig zu sein und hart zu arbeiten, tief hinabzutauchen, um den Dingen auf den Grund zu gehen, beharrlich das zu verfolgen, was wir brauchen, innovativ zu sein um Hindernisse zu durchbrechen ..., aber auch uns die Zeit zu nehmen, um zu spielen und das Leben zu feiern. Viele von uns verbringen lange Stunden an ihrem Arbeitsplatz, nehmen Arbeit mit nach Hause, wo sie sich mit weiteren wichtigen Projekten abmühen und im Garten herumwerkeln. Unglücklicherweise vergessen wir über diesen Aufgaben, uns Zeit für uns selbst und unsere Familie zu nehmen. Wir versäumen es zu spielen oder kleine aber wichtige Ereignisse in unserem Leben und dem Leben unserer Lieben zu feiern.

Als ich den Ottern zuschaute, die sich eine Ruhepause gönnten, musste ich an Freunde denken, die Gebet oder Meditation praktizieren, die sich einfach einen Tag frei nehmen, um den Sabbat zu ehren oder ein Retreat zu besuchen, oder die einen Tag damit zubringen, Gedichte zu schreiben oder Yoga zu machen. Für unsere spirituelle Entwicklung ist es wichtig, nach Gleichgewicht in unserem Leben zu streben. Wir brauchen Zeit, um unsere Batterien wieder aufzuladen und um unser Leben in all seinen Facetten wertzuschätzen. Ein ganzheitlicher Ansatz hilft uns dabei, unser spirituelles Wachstum zu beschleunigen.

Auf der zweiten Stufe der Entwicklung geht es um die Verbindung zu anderen, um den Kontakt zu unserem inneren Kind, um körperliche Bedürfnisse und um Arbeit. Die spirituellen Lektionen auf dieser Sprosse der Leiter handeln von Kontrolle, Urteilen, Emotionen, Kreativität und von der Energie hinter unseren Entscheidungen.

So wie die Otter tief hinabtauchen müssen, um auf den Meeresgrund zu gelangen, müssen wir den Disharmonien in unserem Leben auf den Grund gehen. Unseren Problemen auf den Grund zu gehen hilft uns, uns von alten Verhaltensmustern zu befreien. Es kann beängstigend sein, die Tiefe zu erforschen, aber die Tiere machen uns Mut dazu.

Herausforderungen angehen

Als ich anfing, mit Haustieren und ihren Besitzern zu arbeiten, konnte ich zwei Tendenzen beobachten. Erstens sahen die Menschen ihre Tiere nicht als Individuen an, sie projizierten ihre eigenen Probleme und Ansichten auf die Tiere und behandelten sie wie Verlängerungen ihrer selbst. Zweitens zeigten die Tiere emotionale oder Verhaltensprobleme, die eigentlich den Problemen der Menschen in ihrem Haus entsprachen. Die Tiere spiegelten »ihren Menschen« bestimmte Verhaltensweisen wider, sodass diese die Gelegenheit hatten, sie aus der Distanz zu betrachten oder auf indirekte Weise damit umzugehen.

Ein Paar zum Beispiel steckte in einer Ehekrise und jeder der beiden kämpfte darum, die Oberhand zu behalten. Ihr Hund wiederum versuchte, beide zu beherrschen und weigerte sich, auch nur einem von ihnen zu gehorchen oder mit ihm zu kooperieren. In einem anderen Fall war ein Hund hyperaktiv. Als ich dort ankam, fand ich die Familie im Chaos vor. Im Verlauf des Trainings wurde der Hund zum Gemeinschaftsprojekt und die Atmosphäre im Haus begann sich zu beruhigen. Verhaltens- und emotionale Störungen sind jedoch nicht die einzigen Probleme, die Tiere aufgreifen oder widerspiegeln. Die Bestseller-Autorin Susan Chernak McElroy berichtet in ihrem Buch »Animals as Teachers and Healers«, dass die Tiere um sie herum ähnliche körperliche Krankheiten entwickelten wie sie selbst. Ich konnte das Gleiche beobachten. In einem dieser Fälle ging es um einen Hund, der an Krebs erkrankte.

Buster war ein Golden Retriever, den Marc adoptiert hatte. Sie waren unzertrennlich. Buster liebte es, mit seinem Besitzer durch das Viertel zu spazieren, Ausflüge in den Park zu machen und spät in der Nacht Brezeln zu essen. Als man bei Buster Krebs diagnostizierte, war Marc erschüttert. Buster starb innerhalb eines Jahres. Kurz darauf wurde bei Marc eine ähnliche Form von Krebs festgestellt. Mit der eigenen Sterblichkeit konfrontiert, stellte Marc sich einigen Themen, die in seinem Leben eine wichtige Rolle spielten, und überlebte. Marc holte sich einen anderen Retriever, der ihn bei diesem Prozess unterstützen sollte. War es ein Zufall, dass Buster Krebs bekam? Entschied sich der Hund, die Krankheit seines Besitzers auf sich zu nehmen, damit Marc sich mit den Fragen auseinander setzen konnte, die durch Busters Krankheit an die Oberfläche geholt wurden? Vielleicht. Einige alternative Heilverfahren lehren uns, dass Krankheit ihren Ursprung auf der energetischen und emotionalen Ebene hat. Wird das Problem nicht auf dieser Ebene gelöst, dann schlägt die Krankheit sich im Körper nieder und manifestiert sich in Form von körperlichen Leiden.

Unglücklicherweise hatte Marc sich seinen Problemen nicht gestellt, bis er – kurz nach dem Verlust seines Hundes – seinem eigenen Krebs und der eigenen Sterblichkeit ins Auge sah. Das ist nicht der einzige Fall dieser Art. Es geschieht häufig, dass Tiere emotionale Probleme übernehmen, wenn Menschen nicht in der Lage sind, damit fertig zu werden. Es kann sich dabei um alle möglichen Probleme handeln: um Partnerschaftskonflikte, um die Angst zu versagen, um Minderwertigkeitsgefühle oder Kontrollverlust.

Die Schwierigkeiten, die im öffentlichen Rahmen – beispielsweise während eines Hundetrainings – am häufigsten auftauchen, haben mit dem Mangel an Kontrolle und dem Gefühl zu versagen zu tun. Viele Menschen erleben Frustration, wenn sie mit dem Hundetraining beginnen. Wenn es den Hundehaltern an Koordination, Schnelligkeit oder Klarheit mangelt, können alte Gefühle aus der Kindheit in ihnen aufsteigen, von denen sie sich überwältigt fühlen. Diese Gefühle sind der gegenwärtigen Situation nicht angemessen, sie sind eine sanfte Aufforderung, sich die Problematik genauer anzuschauen. Man kann diese Probleme lösen, wenn man sich ihnen mit Bewusstheit widmet. Auch meine Kollegen erleben ganz Ähnliches mit ihren Schülerinnen und Schülern.

Schließlich ging ich dazu über, meinen Schülern diesen Prozess noch vor Beginn eines Kurses bewusst zu machen. Da durchschnittlich einer von zehn Teilnehmern beim Hundetraining mit Unzulänglichkeitsgefühlen zu kämpfen hat, erleichterte es diesen Leuten das Vorankommen. Wenn das Problem vor dem Training angesprochen wurde, machte es sich weniger drastisch bemerkbar. Stattdessen rief es öfter Lachen und ein Gefühl der Erleichterung hervor, wenn die ungelösten Probleme von Teilnehmern während des Unterrichts ihre hässliche Fratze zeigten.

Mit dem Tiertraining ist es so ähnlich wie mit dem Klavierunterricht. Wer Klavierstunden nehmen will, muss zunächst einmal lernen, Noten zu lesen. Dann lernt man die Tasten kennen und wie sie gespielt werden. Und schließlich braucht man noch sehr, sehr viel Übung. Wer erwartet schon, innerhalb von ein paar Wochen ein Konzert spielen zu können? Ein Anfänger kann sich mit einem professionellen Pianisten nicht vergleichen. Wie kann man also erwarten, beim Hundetraining so geschickt zu sein wie jemand, der das schon sein oder ihr ganzes Erwachsenenleben lang macht? Am Arbeitsplatz haben Menschen häufig mit ähnlichen Problemen zu kämpfen. Sie glauben, dass ihnen etwas leicht fallen müsse und quälen sich mit dem, was sie nicht können, statt sich selbst für das zu loben, was sie können.

Von ähnlichen Gedanken werden Menschen beherrscht, wenn sie versuchen eine Verbindung zu Tieren herzustellen. Otter müssen für ihre Erfolge sehr beharrlich sein. Sie müssen immer wieder auf der Suche nach Futter hinabtauchen. Es kostet sie viel Zeit und Mühe, ihr Fell so sauber zu pflegen, dass es sie warm und gesund hält. Otter werden durch Übung immer besser, sie bleiben so lange bei der Sache, bis sie Erfolg haben. Um zu lernen, mit Tieren zu kommunizieren und sie zu verstehen, braucht man den gleichen kontinuierlichen Einsatz. Selbst »alte Hasen« müssen sich hart darum bemühen.

Ein Beispiel: Ich half einem Zooaufseher beim Umzug in ein anderes Bundesland, wo er eine Stelle in einer anderen Einrichtung antreten sollte. Während meines Aufenthaltes dort bat mich der Zoo, verschiedene Gehege und Verhaltensprobleme bei den Tieren zu begutachten. Zuerst beobachtete ich nur. Einige der

Zoowärter hatten schon jahrelang mit ihren Schützlingen gearbeitet. Trotz ihrer vielen Erfahrung sahen sie nicht immer klar. In einer Situation sah es so aus, als solle ein Seelöwe dazu abgerichtet werden, auf Kommando zu bellen. Der Trainer gab einen Befehl und der Seelöwe öffnete seine Schnauze, woraufhin der Trainer ihn belohnte. Dann ging der Trainer zu einem anderen Platz und der gleiche Ablauf wiederholte sich. Von meinem Standpunkt aus hatte das Tier korrekt reagiert und der Seelöwe hatte offensichtlich die gleiche Schlussfolgerung gezogen wie ich. Obwohl es so schien, als wolle er den Seelöwen dazu bringen, das Maul zu öffnen und zu bellen, erklärte der Trainer später, er habe ihm beibringen wollen, am gleichen Ort zu bleiben!

Ich veränderte einige Trainingsmethoden, sodass der Trainer zu einer klareren Kommunikation mit seinem Schützling kommen konnte. (Einige Ratschläge, die ich ihm gab, finden Sie in Kapitel 8.) Es gelingt nicht gleich auf Anhieb, sich klar verständlich zu machen, zu erfassen, welche Einsicht das Tier vermittelt, und sich für das spirituelle Geschenk dahinter zu öffnen. Es erfordert viel Übung und das Loslassen von Erwartungen. Nur mit Ausdauer und Beharrlichkeit erreichen Sie Ihr höchstes Ziel.

Heilung durch Erfahrung

Tiere ermöglichen Menschen, emotionale Probleme zu ergründen und zu heilen, wenn ihnen andere Gelegenheiten dazu fehlen. Für jeden von uns können Tiere zu lieben Familienmitgliedern, Ersatzkindern und Katalysatoren für persönliche Entwicklung werden, aber besondere Wachstumschancen bieten sie den Menschen, die sich entschieden haben, nicht zu heiraten, keine Kinder zu bekommen oder nicht innerhalb einer Familienstruktur zu leben.

Karen ist ein liebevoller Mensch, sie teilt ihr Zuhause mit einem Ehemann und einer ganzen Reihe von Tieren. Im Laufe ihrer mehr als fünfundzwanzig Ehejahre haben immer mindestens sechs Tiere mit ihr zusammengelebt. Sie rettet, versorgt und liebt jedes Tier, dem sie begegnet, während sie Menschen nicht die gleichen Gefühle entgegenbringt.

Nach ihren Gefühlen befragt erklärte sie: »Ich habe mehr Mitgefühl für Tiere. Sie sind verletzlich und aufrichtig. Sie sind in allem von uns abhängig. Ich fühle unendlich viel Liebe für sie, wie ich sie für Menschen nicht empfinde.« In ihrem Haushalt versorgt sie zur Zeit zwei Dutzend Tiere. Diese Menagerie umfasst Pferde, Hunde, Katzen, Affen und Nagetiere. Karen unterstützt viele Tierorganisationen und ist ständig von ihren Tier->Kindern‹ umgeben. Ohne sich zu rechtfertigen sagt sie: »Es sind meine Wunschkinder.«

Karens Tiere reagieren positiv auf Besucher und benehmen sich gut. Sie schlafen zufrieden in ihrer Nähe. Sie gehören zur Familie, werden mit Freundlichkeit und Respekt behandelt und genießen alle Aufmerksamkeit, die auch ein Kind bekommen würde. Karens Tiere gehen monatlich zur Fellpflege, die meisten haben in einem Kurs oder auch im Hausunterricht gutes Benehmen gelernt. Die Tiere werden regelmäßig vom Tierarzt untersucht, ihre Zähne werden gepflegt und sie machen Ausflüge. Ihre Lieblingsbeschäftigung ist ein Besuch im nahe gelegenen Wald. Karen hat sich lange geweigert, die Köchin zu spielen. Nachdem sie jedoch erfahren hat, wie vorteilhaft eine vollwertige Ernährung für ihre Lieblinge ist, schafft sie es nun, täglich für sie zu kochen.

Durch ihre »Familie« erlebte sie, wie beschwerlich es ist, bei einem kranken »Kind« zu wachen. Sie arbeitete sich durch kleine Eifersüchteleien zwischen den Tieren und mit ihrem Ehemann hindurch. Sie machte sich Sorgen um den Fortschritt ihres Hundes in der »Hundeschule«, lag schlaflos, als ihre Katze geschlechtsreif wurde, und traf sich mit den Menschen, deren Tiere die Freunde ihrer eigenen Tiere waren. So wie die Leben vieler

Menschen mit denen ihrer Kinder verknüpft sind, ist Karens Leben mit dem Leben ihrer Tiere verwoben.

Die meisten von uns kennen Menschen wie Karen. Das Band zwischen ihr und ihren Tieren ist ihre Verbindung zur Welt und eine Verbindung zu ihrer ganz eigenen Art der Spiritualität. Lachend erzählt Karen, dass die meditative Tätigkeit des »Häufchen-Wegschippens« eine beruhigende Beschäftigung ist, die es ihr erlaubt, über die täglichen Sorgen in ihrem Leben nachzudenken. Über die Beschäftigung mit ihren Tieren – bei Wanderungen in den Wäldern, der Versorgung und in ruhigen Momenten, in denen ihre Tiere auf ihr und um sie herum liegen – verbindet sich Karen mit ihrer Seele. Sie findet über die Tiere zu einem tieferen Gefühl der Liebe, der Verbundenheit und des Friedens.

Karen ist ein gutes Beispiel für einen Menschen, der seinen heiligen Raum und seine spirituelle Praxis auf nicht traditionelle Weise gefunden hat. Obwohl die Religionen lehren, keine Urteile über andere zu fällen, verurteilen die Menschen Karen oft. Die menschliche Neigung zum Vorurteil ist einer der Gründe, warum Karen ein Haus voller Tiere einem Haus voller Menschen vorzieht.

Einander wertschätzen

Tiere sind sehr gut darin, einander Achtung zu erweisen. So wie sich menschliche Traditionen in ihrer Kultur und ihren spirituellen Vollzügen unterscheiden, bringt jede Tierart ein anderes Set von Regeln hervor. Auch menschliche Familien entwickeln mit der Zeit ihre eigenen Regeln. Zu lernen, andere Wesen zu achten und zu respektieren ist wichtig und wird leider häufig vernachlässigt.

In den dicht bevölkerten Städten Südkaliforniens kennen viele Menschen ihre Nachbarn nicht mehr. Im Süden Amerikas hingegen ist es üblich, dass die Menschen Fremde zu sich auf die Veranda einladen. Sie sitzen beisammen, um ein Schwätzchen zu halten und etwas süßen Tee zu genießen. In Mexiko steht der gesamte Haushalt still, wenn ein neuer Gast begrüßt wird. Sogar die kleinen Kinder stehen Schlange, um den Gästen die Hand zu schütteln, bevor sie ihr Spiel wieder aufnehmen. Solche Bräuche sind ein Beispiel dafür, wie man das Göttliche in jedem Menschen ehren kann. So wichtig es ist, anderen Respekt zu erweisen, ist es doch auch wesentlich, das Beste in sich selbst zu achten. In dieser kommunikationsbesessenen Zeit ignorieren oder vergessen viele Menschen auf angemessene Umgangsformen zu achten. Elefanten dagegen »vergessen nie«, wie ein englisches Sprichwort sagt.

Elefanten leben in Großfamilien, die vom ältesten und weisesten weiblichen Tier angeführt werden. Sie haben ein großartiges Gedächtnis, leben ein langes Leben und kooperieren miteinander, um andere innerhalb ihrer Gruppe aufzuziehen und ihnen zu helfen. Diesen Herdentieren liegt etwas aneinander. Sie sind freudig erregt, wenn sie sich treffen, auch wenn sie nur kurze Zeit getrennt waren. Die Ankunft des anderen wird feierlich verkündet – mit einem Feuerwerk aus freudigen Tönen, einem tief aus dem Bauch kommenden Knurren, Umherrennen, Trompeten und Liebkosungen. Rüssel schlingen sich ineinander, Schwänze bewegen sich hin und her und Ohren flattern. Es ist ein Anblick, den man gesehen haben muss.

Kluge Menschen können vom Vorbild der Elefanten lernen. Nehmen Sie einen Moment lang Abstand von allem, was sie zu tun haben, von den Papierstapeln auf Ihrem Schreibtisch, dem Fernsehen und den Handys und konzentrieren Sie sich stattdessen auf Ihre Familie und Ihre Freunde. Tiere sind gute Lehrer und Vorbilder, denn sie sind voneinander abhängig, wenn sie überleben wollen. Sie nehmen keine Beziehung selbstverständlich. Dieses Merkmale weisen viele Tiergemeinschaften auf.

Die Wölfe zum Beispiel leben innerhalb einer Hierarchie. Es gibt einen Code, an den sie sich halten. Regeln schreiben vor, wie sie einander begrüßen, welcher Wolf zuerst frisst und wie man sich in der Rangordnung verhält. Ein Wolfsrudel hält bei einem Begrüßungsritual bestimmte Höflichkeitsregeln ein: Das höchstrangige Tier wird mit Winseln, Schwanzwedeln und Schnauzenlecken begrüßt, bei den Mahlzeiten frisst es zuerst. Auch Hunde verhalten sich so, nicht nur untereinander, sondern auch gegenüber Menschen. Viele Hunde springen an Menschen hoch, weil sie sie begrüßen wollen – um das zu schaffen, müssen sie den Mund erreichen.

Hunde lassen alles stehen und liegen, um einen Menschen zu begrüßen, der in ihr Haus kommt. Sie sind großartige Vorbilder dafür, Freunde zu gewinnen und Menschen zu beeinflussen. Von wenigen Ausnahmen abgesehen, wird ihre Begrüßung mit Lächeln und Liebkosungen erwidert. Überall auf der Welt begrüßen Tiere jeden Abend voller Begeisterung ihre Menschen. Die Intensität ist immer die gleiche, egal ob Herrchen oder Frauchen ein paar Stunden oder ein paar Tage weg waren. Tiere respektieren einander, und sie respektieren ihre Besitzer.

Es gibt Menschen, die es versäumen ihre Gäste zu achten und die es anderen gegenüber an den einfachsten Umgangsformen mangeln lassen. Veronika beklagte sich darüber, dass ihr Exfreund selten irgendwelche Anzeichen von Begeisterung zeigte, wenn sie zu Besuch kam. »Es kam vor, dass er auf der Couch lag, ein Buch las und nicht einmal aufsah, wenn ich hereinkam. Aber seine Hunde! Sie kamen zur Tür gerannt, um mich zu begrüßen, sprangen um mich herum und wedelten wie verrückt mit dem Schwanz. Sie gaben mir das Gefühl, in diesem Augenblick die wichtigste Person auf der ganzen Welt zu sein. Es kam mir seltsam vor, dass ich mich von ihnen mehr wertgeschätzt fühlte als von ihm!«

Tiere achten einander und sie achten die Menschen, die sie treffen. Als Katalysatoren für emotionale und spirituelle Entwicklung sind Tiere sehr wertvoll. Nehmen Sie zum Beispiel die Geschichte von George, einem allein lebenden Ingenieur. Als Opfer einer süchtigen und emotional abwesenden Mutter fürchtete er sich davor, eine intime Beziehung einzugehen, bis er auf Cleo traf. Cleo war seine Katze. Er hatte dabei nicht viel mitzureden. Sie suchte ihn sich einfach aus und pflanzte sich so lange auf seine Türschwelle, bis er nachgab. Obwohl sie kleiner war als eine Ratte, gab sie ein gewaltiges Schnurren von sich. Wie konnte er einem so süßen, verletzlichen kleinen Wesen widerstehen? Es dauerte nicht lange und Cleo war ein fester Bestandteil von Georges Leben.

Sie aßen zusammen, schliefen zusammen und verbrachten einfach viel Zeit miteinander. Auf die Frage, wie sie ihm geholfen habe, meinte George: »Ich fühlte mich von ihr einfach geliebt, so wie ich bin. Ganz gleich, was für einen Tag ich hatte oder in welcher Stimmung ich war, egal wie schlimm es um mich stand, sie war immer da. Sie schaute mich mit diesen großen gelben Augen an und schnurrte so laut, dass es in meinem ganzen Körper widerklang. Sie ließ mich nicht in Ruhe, bis ich sie hochhob, streichelte oder sie auf meiner Brust liegen ließ. Sogar ihr Sabbern und Pfotentreten gewann ich lieb, es bewirkte, dass ich mich liebenswert fühlte und mir meiner Liebe zu ihr bewusst wurde. Mir wurde klar, dass ich viel zu geben hatte und ich fing an zu glauben, dass ich eine solch tiefe Liebe wert war.«

Liebe kann den erfinderischen und spielerischen Teil eines Menschen erblühen lassen. Wer zum Tierbesitzer wird, wird häufig aktiver. Diejenigen mit Pferden oder Hunden entdecken, dass sie Gewicht verlieren, mehr Zeit an der frischen Luft verbringen, mehr Risiken eingehen und sich sogar kindlicher verhalten, etwa indem sie Vorwände für eine Tiergeburtstagsparty erfinden. Ihr soziales Netz umfasst andere Tierhalter und sie verbringen mehr Zeit mit anderen, die genauso tierbegeistert sind wie sie selbst.

Unsere Tiere können uns anspornen und enthusiastische Partner sein. Sie lieben und akzeptieren uns mit all unseren Fehlern. Unser Aufstieg auf der spirituellen Leiter soll dazu führen, dass wir mit dem Göttlichen verschmelzen und zu Selbstakzeptanz und Selbstliebe finden. Wenn ein Mensch sich keinen menschlichen Lebenspartner gewählt hat, der ihm bei diesem Prozess behilflich ist, können Tiere ihm als Spiegel dienen und während des Aufstiegs sein wahres Selbst reflektieren. In diesem Spiegel offenbart sich ein wundervolles Wesen. Während wir auf der spirituellen Leiter höher steigen, spiegeln die Tiere uns, was wir wissen sollten – bis wir schließlich einen Schimmer der Realität erfasst, die getrennten Teile unseres Selbst vereinigt und uns mit unserem höheren Selbst neu verbunden haben. Diese Reise ist im Wesentlichen eine Rückkehr zum Göttlichen.

Mit Beharrlichkeit ans Ziel kommen

Otter und andere Tiere sind unnachgiebig. Der Otter benutzt einen Stein als Werkzeug, um Hindernisse zu überwinden und an die Nahrung zu kommen, die er braucht. Auf den Menschen übertragen steht diese Entschlossenheit für die Fähigkeit, körperliche und emotionale Grenzen zu überschreiten. Die leidenschaftliche Liebe zum Leben durchdringt jeden einzelnen Atemzug eines Tieres. Wenn Tiere aufgeregt sind, werden sie wie Kinder. Es ist schwer, Nein zu ihnen zu sagen und sie zu enttäuschen. Wenn Sie vorhaben, einen Spaziergang mit ihrem Hund zu machen, lassen sie ihn das besser nicht wissen, bevor Sie fertig sind, sonst wird der junge Hund Sie so lange quälen, bis Sie schließlich nachgeben. Die leidenschaftliche Liebe zu Tieren facht in Menschen den Lebensfunken an. Sie hilft Tierhaltern, alle Ängste oder Zweifel zu überwinden, die sie davon abhalten, sich auf etwas Neues einzulassen.

Marys Stundenplan sah vor, morgens früh aufzustehen und schnell eine Tasse Kaffee zu trinken, um dann ins Büro zu eilen. Die Morgen- und Nachmittagsstunden verbrachte sie auf Schnellstraßen im zähflüssigen Verkehr. Jeden Tag litt sie unter der Neonbeleuchtung. Die Mahlzeiten waren die einzigen Höhepunkte ihres Tages und sie begann zuzunehmen. Eines Tages, als die Schnellstraße gesperrt war, wählte sie eine alternative Route. Sie nahm im Vorbeifahren eine Bewegung wahr und entdeckte einige Pferde, deren Ställe an der Straße lagen. Sie dachte an ihre Kindheit, als sie wie viele junge Mädchen davon träumte, ein Pferd zu besitzen. Marys Kinderzimmer war voll gestopft mit Pferdebüchern und -spielzeug, aber ihr Traum wurde nie Wirklichkeit. Den ganzen Tag lang wurde sie von Kindheitserinnerungen überflutet. Schließlich gab sie nach – statt im abendlichen Pendlerverkehr stecken zu bleiben, fuhr sie zu dem Reiterhof.

»Durch einen einfachen Schritt änderte sich mein Leben drastisch. Ich begann Reitunterricht zu nehmen. Ich war ziemlich schlecht, aber ich blieb dran. Ich lernte viele von den Leuten kennen, die ihre Pferde im Stall untergebracht hatten. Bald schon luden sie mich ein, ihre anderen Pferde zu reiten oder mit ihnen zusammen auszureiten. Schließlich wurde eines meiner Lieblingspferde zum Kauf angeboten und der Rest ist Geschichte. Meine Freunde änderten sich, mein Körper veränderte sich und ich bin heute viel glücklicher. Mein Traum ist Wirklichkeit geworden.«

Mary reitet nun jedes Wochenende. Kreative Zeitplanung erlaubte ihr, nur drei oder vier lange Tage statt fünf Tage zu arbeiten. »Mein Leben ist jetzt mehr im Gleichgewicht. Mit meinem Pferd Silver verbindet mich eine unglaubliche Partnerschaft, und ich verbringe so viel Zeit mit ihr, wie ich nur kann. Ich fühle mich lebendig und ausgelassen.«

Tiere können nicht nur ein Katalysator sein, um Kindheitsträume zu verwirklichen und Gleichgewicht in das Leben zu bringen. Von ihren Haustieren inspiriert tauchen Menschen in ihre Kreativität ein. Sie malen, schreiben, entdecken durch die Liebe zu ihren Tieren neue Hobbies und sogar neue Berufe. Ihre intensive Zuneigung macht die Menschen offen für göttliche Inspiration und entfacht in ihnen ein jugendliches Gefühl von Abenteuer und Verzauberung.

Carla lebte allein in Südkalifornien. Sie fand nichts, was über nette Bekanntschaften hinausging. So rettete sie einen kleinen Hund. Er litt an zahllosen Gesundheitsproblemen, wobei Allergien und trockene Haut längst nicht seine einzigen Probleme waren. Bei ihrem Versuch, dem Hund beim Gesundwerden und Gesundbleiben zu helfen, stieß sie auf natürliche Ernährung und alternative Heilpraktiker. Im Laufe der Zeit wagte sie sich mit Blacky auch hinaus, um sein Sozialleben zu fördern. Sie verbrachten viel Zeit in Hundeparks, an Hundestränden und anderen tierfreundlichen Orten. Sie unternahmen vieles, was für Haustierbesitzer typisch ist und bald traf Carla Menschen, die ihre Liebe zu Tieren teilten.

Sie erzählte: »Eines Tages hatte ich eine Idee. Warum eröffnete ich nicht einfach ein Spezialitätengeschäft für Hunde? Mir schien das eine glänzende Idee, es würde Leute mit den gleichen Interessen und der gleichen Liebe zu Haustieren anziehen.«

Im Gegensatz zu normalen Tierhandlungen bot »Blackys Bäckerei« Spezialnahrungsmittel, ganzheitliches Tierfutter, Snacks und Ähnliches an. Carlas Idee entwickelte sich zu einem blühenden Geschäft. Und ihr Hund? Nun, sein Gesundheitszustand verbesserte sich und Blacky liebte seinen Job als Empfangschef in »seinem« Laden.

Werden wie die Kinder

Veranstaltungen und Aktivitäten für Haustiere sind wichtige soziale Gelegenheiten für Tierbesitzer. Mark erklärte: »Ich mag keine Hundewettbewerbe, weil es da so steif zugeht. Ich gehe am liebsten an spezielle Plätze für Tiere, wie z.B. Hundeparks, um Spaß zu haben, und habe dabei schon eine Menge neuer Freunde kennen gelernt. Viele haben die gleichen Interessen. So kann es sein, dass wir stadtbummeln, wandern gehen oder etwas Ähnliches unternehmen. Es ist ein idealer Weg neue Bekanntschaften oder Freundschaften zu schließen. Die Leute, die ich dabei treffe, erscheinen mir freundlicher und ehrlicher als diejenigen, denen ich anderswo begegne.«

Das Bedürfnis nach sozialen Kontakten treibt Menschen dazu, nach Plätzen zu suchen, wo sie Gleichgesinnte finden. Spirituelle oder religiöse Zentren sind ideale Orte, um anderen zu begegnen. Es gibt viele Menschen, die in solchen Organisationen tragfähige Beziehungsnetze knüpfen. Solche Plätze bieten die Gelegenheit, neue Bekanntschaften zu schließen und Freundschaften mit Menschen zu pflegen, die unsere Interessen und innersten Überzeugungen teilen. Mark hat die gleichen Möglichkeiten bei anderen Tierfreunden gefunden.

Aktivitäten mit Haustieren, ehrenamtliche Arbeit bei Tierorganisationen und Tierschutzgruppen oder Tiersport bieten viele Gelegenheiten, Gleichgesinnte zu treffen. Tiere bestärken uns tatsächlich darin, Risiken auf uns zu nehmen. Sie drängen ihre Menschen sanft dazu, Bindungen einzugehen, weil sie gut für das Tier sind.

Ein Tier zu halten bedeutet, für alle seine Bedürfnisse verantwortlich zu sein. In guten Beziehungen besteht die Motivation, nicht nur für die Pflege des Tieres zu sorgen, sondern auch für sein psychisches Wohlbefinden und seine sozialen Kontakte. Haustiere inspirieren den Menschen, sich auf einen Pfad der Selbstlosigkeit einzulassen und sich ganz für das Wohl eines anderen Wesens einzusetzen. Tiere brauchen Freunde und Aktivitäten, die ihren Geist anregen und zu einem gesunden Leben beitragen. Oft warten Tierbesitzer mit einzigartigen Mitteln auf, um ihre Lieblinge zu unterhalten und zu beschäftigen. Ohne zu zögern opfern Menschen, was immer an Zeit und Ressourcen nötig ist, um die Fürsorge und die Anregung zu bieten, die ihre Tiere brauchen.

Tagesbetreuung für Hunde ist (in den USA) ein beliebtes Geschäft. Berufstätige Tierhalter lassen ihre Hunde dort, wo sie den ganzen Tag mit anderen Tieren herumtollen, Leckereien bekommen und beschäftigt werden. Diese Einrichtungen verlangen eine formale Anmeldung und überprüfen Neuzugänge in Bezug auf wirksame Schutzimpfungen, Verträglichkeit mit anderen Tieren, mögliche Verhaltensprobleme und spezielle Nahrungsbedürfnisse. Auf bildschirmüberwachten Spielgeländen werden Tiere mit anderen Tieren ähnlichen Alters und Temperaments zusammengebracht. Es gibt glückliche Hunde, die jeden Tag hier verbringen, während andere einmal die Woche dorthin gehen. Gwen sagte: »Mein Hund weiß genau, wann ›Hundebetreuungstag‹ ist. Er wird dann sehr aufgeregt und kann es gar nicht erwarten aufzubrechen. Wenn er erst einmal im Auto sitzt, ist er kaum noch zu bremsen. Es macht ihm nichts aus, dass ich ihn allein lasse. Er wartet aufgeregt darauf, seine Freunde wiederzutreffen. Es ist ein gutes Gefühl zu wissen, dass ich weggehen und kleinere Besorgungen machen kann, während er mit seinen Kumpeln in der Hundetagesstätte herumtobt.«

Unsere Tiere kitzeln Kreativität in uns hervor, sie machen uns Mut »wie die Kinder zu sein«. Während Kinder alle ihre Möglichkeiten erforschen und die Wunder ihrer Umgebung wahrnehmen, machen Erwachsene dicht. Tiere geben uns die Erlaubnis, uns mit unserer Kreativität und unseren kindlichen Qualitäten neu zu verbinden. Sie ermutigen uns Risiken auf uns zu nehmen, sie zwingen uns dazu, mehr zu spielen, Neues auszuprobieren und Wagnisse einzugehen.

Manchmal kann die Suche nach dem einzigartigen Geschenk für den kleinen Liebling auch zu einer neuen Geschäftsidee anregen. Viktoria entschloss sich, ihre Liebe zu Tieren zu nutzen, um einen ungewöhnlichen Internetshop aufzuziehen: Sie gründete eine Firma mit speziellen Artikeln für Haustierbesitzer: Aufeinander abgestimmte Mäntel für Hund und Besitzer, luxuriöse Decken für Hundebetten, importierten Tierschmuck und andere Accessoires. Für ihre Präsentation suchte sie nach eleganten Modellen, dabei passten reinrassige Tiere perfekt in das Bild, das ihr vorschwebte. Mittlerweile posieren Afghanen, Barsois, Chihuahuas und sogar einige ganz gewöhnliche Mischlinge bei ihr als

»Modehunde«. Viktoria sagte: »Ich habe den Katalog einer bestimmten Firma für Damenunterwäsche immer bewundert und mitverfolgt, wie schnell diese Firma wuchs. Ausschlaggebend für ihren Erfolg waren die hübschen Modelle und die außergewöhnlichen und schönen Produkte. Eines Tages schaute ich mir meine Afghanen an, die ihre maßgeschneiderten Mäntel trugen und dachte mir: ›Das könnte ich doch auch machen!‹ So ist das ganze Unternehmen überhaupt zustande gekommen.«

Durch unser eigenes spirituelles Wachstum erkennen wir, dass unsere Tiere Individuen mit einzigartigen Bedürfnissen sind. Infolgedessen wird unser Leben mit Tieren immer kultivierter und komplexer. Vor fünfundzwanzig Jahren gab es nur wenige Geschäfte für den Heimtierbedarf. Heutzutage sind Verhaltenstherapie für Tiere und tiergestützte Therapie für Menschen weit verbreitet. Die Lebensbedingungen unserer Haustiere haben sich im Laufe der Zeit ebenfalls verändert. Während Hunde einst draußen lebten und Katzen in der Scheune wohnten, sind diese Geschöpfe heute in unser Familienleben integriert. Sie haben eigene Betten, Laufgitter und besondere Gebrauchsgegenstände für ihr abwechslungsreiches Leben. Eine Zeit lang glaubten die Leute, Tiere müssten zu Hause bleiben. Mittlerweile begleiten sie uns in Krankenhäuser, um gebrechliche Menschen aufzuheitern, oder machen Abenteuerreisen mit ihren Besitzern.

Die meisten Katzen und andere Tiere bleiben weiter ans Haus gebunden, obwohl auch das sich langsam ändert. John sagte: »Ich nehme meine Katze immer mit – in ihrem bequemen Katzentransporter mit Leine und Geschirr. Wenn ich in einem Hotel bin, wo Tiere erlaubt sind, sitze ich mit ihr draußen und halte sie an der Leine, damit ich ein Auge auf sie werfen kann. Sie frisst etwas Gras, schnüffelt ein bisschen herum oder kommt her um mit mir zu faulenzen – ich genieße das sehr. Ich bin ständig auf Reisen. Es erscheint mir nicht fair, sie alleine zu lassen, deshalb nehme ich sie mit. Wir gehen zusammen spazieren, meist an ruhigen Orten, um keinen unberechenbaren Hunden zu begegnen.«

Dem Fluss des Lebens folgen

Unser Umgang mit domestizierten Tieren hat sich geändert, ebenso wie unser Verhältnis zu frei lebenden Tieren und der Umwelt. Wir alle sind Fäden im Gewebe des Lebens – wird einer davon verletzt, erzittern alle anderen mit ihm. Die Sehnsucht nach einer tieferen Verbindung mit der Natur und danach, unseren Platz in ihr zu verstehen, hat einen neuen Markt für Wildtiere geschaffen.

Es gibt verschiedene Gründe, warum Menschen wilde Tiere besitzen wollen. Manche wünschen sich die Tiere wegen des Status und der Illusion von Macht, die mit ihrem Besitz verbunden ist. Die meisten Menschen haben unrealistische Erwartungen, wie die Beziehung sein wird. Wilde oder exotische Tiere brauchen ganz bestimmte Umweltbedingungen, komplexere Sozialgefüge, eine sehr spezielle Ernährungsweise und tierärztliche Versorgung sowie eine besondere Unterbringung. In vielen Gegenden braucht man dafür eine Sondererlaubnis. Das Ausmaß an Engagement und der Aufwand für die Haltung dieser Tiere überfordern einen Durchschnittsmenschen, deswegen enden viele dieser Tiere in ernsten Notlagen. Hat das Tier großes Glück, dann wird es einer Institution überlassen, die sich solch tragischer Fälle annimmt.

Trotzdem haben einige Wildtiere den Weg auf den Heimtiermarkt gefunden. In der Vergangenheit wurden frei lebende Tiere importiert und ins Land geschmuggelt, um als Haustiere verkauft zu werden. Diese Praxis schadet sowohl den Tieren als auch ihrem Lebensraum und tut es in manchen Fällen immer noch. Es gibt aber auch Spezialzüchter, die den Haustierhandel mit Wildtieren beliefern. Immer mehr exotische Kreaturen, besonders Vögel und Reptilien, landen in Haushalten überall in den Vereinigten Staaten und Europa.

Auch wenn Affen und Reptilien als Haustiere nicht so weit verbreitet sind wie Hunde und Katzen, tauchen sie doch gelegentlich mit ihren Besitzern in der Öffentlichkeit auf. Fred sagte dazu: »Als Besitzer eines exotischen Tieres bin ich vorsichtig damit, mein Tier anderen zu zeigen. Aber ich glaube nicht, dass diese Beziehung so viel anders ist als eine enge Bindung zu einem Hund oder einer Katze. Wir genießen die Gesellschaft des anderen und sind gerne unter Leuten. Ich glaube, dass die Tiere das interessant und anregend finden.«

Beziehungen zu Wildtieren sind nicht mit denen zu unseren zahmen Gefährten vergleichbar, sie sind völlig anders. Wildtiere sind ganz auf das Überleben des Stärkeren eingestellt, darum verlieren sie ihre Wildheit auch als Käfigtiere nicht. Sie bleiben unabhängig und nutzen jede Gelegenheit – im Gegensatz zu den domestizierten Tieren, die speziell wegen ihres kooperativen Verhaltens gezüchtet werden und die sich uns gerne fügen.

Menschen, die ein wildes Tier beherrschen oder unterwerfen wollen, verlangen oft nach einem Gefühl der Allmacht. Sie sehnen sich nach etwas schwer Fassbarem, das sie nicht genau definieren können – ein Verlangen, das ein normales Haustier nicht befriedigen kann. Je mehr sie danach greifen, desto weiter sind sie von der Erfüllung ihrer Wünsche entfernt. Wenn man mit Wildtieren arbeitet, kann man nicht immer kontrollieren, was geschieht, man muss sich von allen Erwartungen frei machen. »Mit dem Fluss gehen« oder »loslassen und es in Gottes Hand legen« bedeutet, nicht zu versuchen seinen eigenen Willen durchzusetzen, sondern sich stattdessen mit einer höheren Kraft, einem höheren Willen zu verbinden. Einem Menschen, der ein Problem mit Kontrolle hat und gerade versucht, diese Lebensaufgabe zu bewältigen, wird das häufig von den Tieren widergespiegelt. Und auch wenn Tiere uns unsere eigenen Probleme nicht spiegeln, dann schaffen sie doch zweifellos eine Gelegenheit, bei der wir sie uns genauer anschauen können.

Martin trainierte Delfine für die US Navy. In diesem Programm begleiteten die Delfine das Boot des Trainers hinaus aufs offene Meer, wo in verschiedenen Studien ihre Fähigkeiten und ihre Empfindlichkeit in Bezug auf die Umgebung untersucht wurden. Es ging etwa um die Lärmbelastung durch Boote, Ölbohranlagen und ähnliche Geräte. Martin und ich erörterten regelmäßig die Schwierigkeiten, die das Tiertraining im Zoo und auf offenem Ozean mit sich bringt. Wir verglichen unsere Aufzeichnungen miteinander und ermutigten uns gegenseitig, innovativer und einsichtiger mit unseren Schützlingen umzugehen. Während dieser Diskussionen sammelten wir auch Ideen, um Verhaltensprobleme zu lösen. Obwohl einige von Martins Projekten vertraulich waren, fragte er mich, ohne irgendwelche Geheimnisse zu verraten, nach meiner Meinung zu seinen Sitzungen und bat mich um Tipps für schwierige Situationen mit den Tieren.

Einmal ging es um einen weiblichen Delfin, mit dem er eine großartige Arbeitsbeziehung hatte. Martin behandelte all seine Ausbildungstiere fair, kämpfte aber mit seinen fixen Vorstellungen, wie dieser Delfin sich verhalten solle. Er ließ keinerlei Abweichungen oder individuelle Eigenarten zu. Im Tiertraining ist es wichtig, an Maßstäben festzuhalten – aber auch Tiere haben ihre guten und schlechten Tage. Als Martin bei unserem Gespräch auf offenem Meer seinen Umgang mit dem Delfin beschrieb, wurde er sehr dogmatisch.

Martin kann unglaublich intuitiv sein, aber in dieser Situation hielt er unbeugsam an der Trainingstheorie fest. Als der Delfin sich weigerte, voll zu kooperieren, versuchte Martin ihn zu zwingen statt mit ihm zusammenzuarbeiten. Er äußerte mir gegenüber seine Empörung über die Reaktion des Delfins und stellte mir die rhetorische Frage: »Was glaubst du, was er dann gemacht hat?« Ich lachte und sagte: »Wenn ich der Delfin wäre, ich wäre dir entwischt und aufs offene Meer hinausgeschwommen.« Natürlich hatte er genau das getan. Der Delfin hatte ihm eine Auszeit gegeben.

So bekam Martin die Gelegenheit, seine Erwartungen loszulassen. Er regte sich noch eine Weile auf, war aber auch besorgt um die Sicherheit des Delfins. Ein einzelner Delfin ist im Meer vielen Gefahren ausgesetzt. Als Martins Boot schließlich wieder an seinem Ausgangspunkt ankam, wartete der Delfin schon am Eingang zum Meeressäugerbecken auf ihn.

Tiere helfen uns, wo wir persönliches Wachstum benötigen. Martins besondere Lektion hatte mit Flexibilität und Aufgeschlossenheit zu tun. Er musste begreifen, dass die Welt bunt ist und dass es nicht nur Schwarz und Weiß, sondern auch Grauschattierungen gibt. Der Delfin war es leid mit ihm und beschloss, seine Lektion über kooperatives Verhalten, Akzeptanz und Loslassen zu beschleunigen, indem er ihn sitzen ließ und mitten auf dem Meer davonschwamm. Das gab Martin die Zeit, seine Haltung zu überdenken und zu korrigieren. Man kann andere Lebewesen nicht wirklich kontrollieren, das ist eine Illusion.

Während der Delfin uns das Loslassen lehrt, vermitteln uns die Otter, wenn sie sich treiben lassen und in der Brandung spielen, die Botschaft »Geh mit dem Fluss!« Wenn wir andere Lebewesen und die Art, wie sie ihr Leben meistern, achten, erreichen wir schneller die nächste Sprosse der spirituellen Leiter.

3. Die Kraft des Eisbären

Von Selbstachtung und
innerer Stärke

Als der weiße Bär sich auf seine Hinterbeine erhob, um Witterung aufzunehmen, blickte er weit über die Tundra. Vor dem Hintergrund dieser weißen Welt war seine große, stattliche Figur praktisch unsichtbar. Als er seinen Kopf vor- und zurückbewegte um den Wind zu prüfen, verrieten nur die dunkle Nase und die Knopfaugen seine Gegenwart. Seine mächtige Schnauze bebte leicht, als er die Witterung eines Seehunds einfing. Er ließ seinen mächtigen Torso herabsinken und rannte in die Richtung, in der möglicherweise eine reiche Mahlzeit auf ihn wartete.

Der Eisbär ist von allen Tieren, denen ich begegnet bin, das furchterregendste Raubtier. Er hat vor nichts Angst, nicht einmal vor Menschen. Ich habe von Piloten gehört, die ihre Ausrüstung und Passagiere gegen diese Tiere verteidigten und von Leuten, die mit ansahen, wie diese Bären über alle Hindernisse hinweg versuchten, an einen Forscher oder Fotografen heranzukommen, der nur von einem kümmerlichen Käfig geschützt wurde. Eisbären akzeptieren das Leben in einer harten Umgebung, indem sie sich anpassen. Mit Stärke und Ausdauer bekennen sie sich zu ihrer Kraft. Diese Tiere verkörpern ein starkes Selbstgefühl und vertrauen auf ihre Instinkte. Sie leben das Leben auf sich gestellt, anderen ihrer Art begegnen sie nur für kurze Zwischenspiele.

Der Eisbär steht für die Qualitäten, die wir auf der dritten Stufe der spirituellen Leiter finden. Auf dieser Stufe lernen wir, unserer Intuition zu vertrauen und uns selbst zu achten, unser Bedürfnis nach Bestätigung von außen abzuwerfen und unser Leben so anzunehmen wie es ist, mit all seinen Herausforderungen. Wenn das Schicksal uns vor Prüfungen stellt, zeigt sich, was es zu lernen gilt. So können wir persönliche Macht, Selbstakzeptanz und Vertrauen entwickeln. Wenn wir unsere Kraft akzeptieren, tauchen wir ein in die Kraft des Göttlichen und den universellen Fluss.

Aus unserem heutigen Blickwinkel werden Menschen häufig zu Opfern, es mangelt ihnen an persönlicher Macht. Die Welt kann hart sein, und gewöhnlich ist sie nicht gerecht, aber die Herausforderungen, vor die wir gestellt werden, machen uns stärker, wenn wir sie überwinden. Das Geheimnis des Erfolgs ist, sich ebenso wie die Tiere der wechselnden Umgebung anzupassen. Wenn wir in unserem Leben in einen Sturm geraten, müssen wir uns entweder eingraben oder höher liegendes Gelände aufsuchen oder uns dagegenstemmen. Was wir tun ist unsere Wahl – aber wenn wir nicht handeln, keine Verantwortung übernehmen, treffen wir damit ebenfalls eine Entscheidung, wir geben damit eine Erklärung an das Universum ab. Heilung braucht Zeit und Bewegung. Wenn wir uns in Kummer, Ärger oder Furcht vergraben, schneiden wir uns vom göttlichen Lebensfluss ab.

Ich musste lachen, als ich das erste Mal den Spruch hörte: »Das Leben ist nichts für Schwächlinge!« Aber es stimmt. Während wir durch das Leben gehen, sollten wir durch unsere Erfahrungen wachsen und vorankommen. Gelingt das nicht, werden wir immer wieder vor dieselben Aufgaben gestellt. Ich erinnere mich an eine Zeit, in der ich an meiner Arbeitsstelle Schikanen ausgesetzt war. Ich tat, was ich für das Beste hielt und wurde dafür bestraft. Später erlebte ich Ähnliches an einem anderen Arbeitsplatz. Ich fragte mich, warum ich denselben Schwierigkeiten wieder begegnete und vermutete, dass ich die erste Lektion nicht begriffen hatte. Manchmal sind wir so in eine Situation verstrickt, dass wir gar nicht bemerken, dass wir uns in einer Endlosschleife befinden. Auch Tiere können in solchen Schleifen stecken bleiben und zeigen uns auf diese Weise, wie verrückt so etwas ist.

Gewöhnlich ist abweichendes Verhalten bei Käfigtieren ein Zeichen von zu viel Stress oder ein Hinweis darauf, dass irgendetwas nicht in Ordnung ist. Mangelhafte Planung der Anlage, unpassende Zusammenstellung der Tiere, ein Mangel an geistiger Anregung oder körperliche Krankheit können zu Verhaltensauffälligkeiten beitragen. Tiere zeigen Verhaltenssstereotype: Sie haben sicherlich schon Bären oder Großkatzen beobachtet, die im Kreis laufen oder endlos auf und ab schreiten und beim Wenden den Kopf hochwerfen. Vielleicht haben Sie auch schon einmal Otter oder Seelöwen gesehen, die immer wieder das gleiche Muster schwimmen oder einen Hund, der sich selbst verstümmelt. Solche Tiere sind in einer Schleife gefangen. Der einzige Weg hinaus besteht darin, an den Ursprung des Problems zu kommen und sich damit auseinander zu setzen. Das Gleiche gilt auch für die Herausforderungen, vor die uns das Leben stellt.

Eine weitere Lektion besteht darin, zur nötigen Selbstsicherheit zu finden um authentisch zu sein, ganz gleich wie die Umstände sein mögen. Menschen, die übermäßig auf die Zustimmung anderer angewiesen sind, sind sich selbst gegenüber nicht aufrichtig, es fehlt ihnen an persönlicher Macht. Sie stecken in einem selbst geschaffenen Gefängnis, umgeben von Gitterstangen aus niedrigem Selbstwertgefühl oder Mangel an Respekt für sich selbst und andere. Manchmal finden solche Menschen ungute Gruppen oder Kulte, mit denen sie sich identifizieren können. Statt ein gesundes Selbstbild zu entwickeln, werden sie zu Mitläufern, ohne je eine starke Identität als Individuum aufzubauen. Tiere besitzen ein Selbstgefühl, das von den äußeren Umständen oder der Umgebung gänzlich unabhängig ist.

Eine meiner ersten Begegnungen mit einem Eisbären fand in einem großen Zoo in Südkalifornien statt. Manche Zoos teilen die Tiere nicht nach Arten, sondern nach geografischen Gesichtspunkten ein. In jeder Abteilung findet man eine Auswahl von Tierarten aus einer bestimmten Gegend, wobei jeder Zoo seine Kollektion anders zusammenstellt. Ich rotierte damals durch die verschiedenen Gehege, um den Alltag des Zoowärters kennen zu lernen und in Erfahrung zu bringen, wo welche Tiere lebten. So landete ich schließlich im Bereich hinter dem Eisbärkäfig, der mich an ein Gefängnis erinnerte.

Die hintere Eingangstür bestand aus schwerem Stahl und Maschendraht. Auch die Türen, die vom Nachtquartier der Eisbären zum Außengehege führten, waren aus schwerem Metall. Die Wärter bedienten die Türen über starke Hebel und Ketten. Alles andere bestand aus Zement.

Als wir langsam die Türen öffneten, um das Tier nach draußen zu lassen, stellten sich mir die Nackenhaare auf. Ohne dass ich den Bären sehen konnte, witterte ich Gefahr. Ich stellte fest, dass es hier (im Gegensatz zu einigen anderen Gehegen, in denen ich arbeitete) keinerlei Sichtfenster gab, durch die man die Bewegungen des Bären hätte beobachten können. Als ich den leitenden Wärter darauf ansprach, erklärte er, dass der Bär ein echter Killer sei. Er versuche jeden Wärter, der sich auf dem Gelände zu schaffen machte, aus dem Hinterhalt anzugreifen. Die Wärter konnten das Tier nur sehen, wenn sie die schweren Stahlplatten beiseite schoben, die die vergitterten Fenster bedeckten. Nachdem der Bär frühere Fenster zerstört hatte, waren zusätzliche Vorsichtsmaßnahmen ergriffen worden.

Wir hofften, dass der Bär sich schon in das Außengehege begeben hatte, aber als der Wärter das Fenster aufschob, standen wir dem gewaltigen Tier Auge in Auge gegenüber. Der Bär schien meinen Geruch aufnehmen zu wollen. Mein Instinkt warnte mich, ebenso wie die Auskunft des Wärters, dass der Bär ein schlecht gelaunter Kerl sei. Es machte ihm Spaß, sich in den Bereichen zu verstecken, die durch das Fenster nicht leicht einsehbar waren, und unvorsichtige Menschen aus dem Hinterhalt anzugreifen – darum wollten nur wenige Leute in diesem Gehege arbeiten. Der Eisbär war nicht wirklich bösartig, er war nur seiner Natur treu. Eisbären gehören zu den mächtigsten Raubtieren, die es gibt, und da Eisbären selbst nie Beute eines anderen Tieres werden, sind sie extrem neugierig und haben vor nichts Angst. Der Bär befand sich nur körperlich in einem Gefängnis, er verfügte über ein starkes Selbstbewusstsein. Er besaß nicht nur physische Kraft, sondern auch innere Stärke und Mut. Er war seinem innersten Wesen nach ein wildes Raubtier.

Sich der Umgebung anpassen

Ein anderes Raubtier mit außerordentlichen Fähigkeiten ist die Katze. Ihr Zauber hat uns in seinen Bann geschlagen und enge Beziehungen zwischen Menschen und Hauskatzen geschaffen. Alle Tiere helfen uns auf ähnliche Weise, aber die Katze strahlt genau die Art von Selbstsicherheit und Selbstachtung aus, die wir auf dieser Entwicklungsstufe suchen. Katzen ruhen entspannt in sich selbst, wissen genau, was sie wollen, und sind sich stets sicher, es auch zu bekommen. Sie wollen wissen, wie es sich anfühlt, selbstsicher und in seiner Kraft zu sein? Beobachten Sie einen Tag lang eine Katze!

Katzen fühlen sich wohl mit sich selbst. Sie haben keinen Mangel an Selbstwertgefühl: Sie tun was sie wollen, wie sie es wollen und wann sie es wollen. Obwohl sie freundlich zu ihren Menschen sind, haben manche Katzen definitiv das Gefühl, dass ihnen die Welt gehört. Wie andere Tiere sind sie auch liebevoll und akzeptieren alle möglichen menschlichen Mängel und Fehler. Unsere Katzenfreunde haben viel Spaß am Leben und sie setzen Prioritäten – nämlich ihre eigenen! Wenn wir ihnen unsere Aufmerksamkeit schenken, können sie uns beibringen, unsere Bedürfnisse und Wünsche ernst zu nehmen.

Boots ist ein schwarz-weißer Kater, dessen innerstes Bedürfnis es ist, draußen zu jagen. Seine Besitzerin Ruth, die ihn lieber im Haus behalten würde, musste einsehen, dass das unmöglich ist. Nach zehn Jahren hat sie schließlich aufgegeben. »Wir alle – mein Mann, meine Freunde und ich – haben jämmerlich versagt bei dem Versuch, ihn drinnen zu halten. Er balanciert auf einem Stuhl in der Küche und stürzt hinaus, während wir mitten in der Hausarbeit stecken. Sobald er den Schlüssel im Schloss hört, lauert er darauf, durch die Eingangstür nach draußen zu stürmen, während ich noch die Arme voller Einkäufe habe. Er verlangt von unseren Gästen ihn hinauszulassen und sie tun es! Wenn alles andere nicht klappt, findet er garantiert ein offenes Fenster und bricht durch das Fliegengitter ins Freie.«

Wenn er Nahrung oder Aufmerksamkeit will, ist Boots gefälliger. Dennoch ist er immer noch das ungezogene Kätzchen, das unter der Spüle im Abfall wühlt, um irgendwelche Essensreste auszugraben: eine leere Thunfischdose oder sogar die Überbleibsel des Einwickelpapiers vom Metzger. »Er bittet um das, was er haben will, und wenn wir ihn auffordern zu warten, tut er das auch. Er sitzt in der Sonne oder treibt sich in der Nähe herum, und hin und wieder wiederholt er freundlich seine Bitte. Das ist etwas ganz anderes als die Besessenheit, mit der er versucht, nach draußen zu kommen.«

Tiere lehren uns, uns selbst und andere anzunehmen und Situationen zu akzeptieren, auf die wir keinen Einfluss haben. Der Eisbär akzeptiert sein hartes Leben in der Wildnis, ohne sich dabei schlecht zu fühlen. Katzen sind wählerisch, wenn es darum geht, jemanden in ihre heiligen Hallen zu lassen, aber am Ende akzeptieren sie andere. Allerdings muss der Neuankömmling im Haus, egal ob Tier oder Mensch, eine Bewährungsfrist überstehen.

Marcy, eine begeisterte Tierfreundin und Haustierhalterin, sagte: »Meine Tiere sind gute Sachverständige, was den menschlichen Charakter angeht. Wenn sie nach einiger Zeit nicht warm mit jemandem werden, schaue ich mir die Person näher an. Die Urteilskraft der Tiere zu nutzen, erleichtert mir das Leben. Bevor ich einen neuen Menschen in mein Leben lasse und als Freund bezeichne, warte ich erst einmal ab und beobachte. Das bewahrt mich in den meisten Fällen vor Herzschmerz und geschäftlichen oder privaten Komplikationen. Jetzt passen meine neuen Freunde wirklich zu mir. Wir können im Lauf der Zeit eine stabile Basis aufbauen und teilen ähnliche Werte und Interessen.«

Manche Tiere gehen mit dem Wandel und passen sich an. Nehmen Sie zum Beispiel den klugen Kojoten. Während viele Tierpopulationen unter der menschlichen Zerstörung der Umwelt, dem Übergriff auf ihr Territorium oder unter Verfolgung leiden, schaffte es der Kojote, sich anzupassen und weiterzuentwickeln. Kojoten drangen in bisher unbesiedelte Gebiete vor, und sie verstehen sich ganz gut darauf, in der Nähe von Menschen zu überleben. Diese Hundeartigen leben meist in Paaren oder kleinen Familiengruppen zusammen. In meiner Jugend sah ich nur selten größere Mengen dieser Tiere versammelt, während ich heute regelmäßig große Gruppen von Kojoten zusammenkommen sehe. Sie passen sich an und gedeihen, indem sie Aas fressen und jagen. Zum Ärger vieler Vorstädter in den USA entwickelten die Kojoten eine Strategie, mit der sie unbeaufsichtigte Familienhaustiere an Orte locken, wo sie dann von anderen Mitgliedern des Rudels leicht getötet werden können.

Kojoten lehren uns, das Leben so zu nehmen, wie es ist, und uns im Einklang damit zu bewegen. Wenn wir die Umstände nicht verändern können, ist es unsere Aufgabe uns anzupassen. Manche Tiere brauchen dafür länger, aber sie müssen es tun, wenn sie überleben wollen. »Überleben der Stärksten« bedeutet, dass nur derjenige eine Zukunft hat, der sich ändern kann und es auch tut. Für uns Menschen geht es nicht immer ums Überleben – wir haben Wahlmöglichkeiten. Wir können unsere Umgebung wählen, unsere Freunde und unsere Tätigkeiten. Wenn wir unsere Möglichkeiten nutzen und das Beste daraus machen, statt uns auf die Hindernisse zu konzentrieren, sind wir auf dem richtigen Weg.

Tiere zeigen uns unterschiedliche Facetten dieser Erkenntnis. Es gibt durchaus Tiere, die nicht sehr gut mit Veränderungen zurechtkommen, häufig dann, wenn sich eingespielte Abläufe ändern oder eine größere Lebensumstellung nötig ist. Beispielsweise ist ein Umzug für viele Tiere ein Trauma, während andere Veränderungen zufrieden hinnehmen. Zu welchen der beiden Reaktionen ein Tier neigt, hängt auch davon ab, wie komplex oder stimulierend seine Umgebung und wie stark seine Verbindung zum Menschen ist.

Als Nancy und Frank mit ihrer Menagerie aus den Bergen an die Küste zogen, passten die meisten ihrer Tiere sich leicht an. Die Hunde tollten glücklich über den Strand statt durch die Wälder. Sie liebten den Ozean und hatten ihre Freude daran, am

Strand den Vögeln hinterherzujagen. Die Katzen mochten die feuchte Luft und das helle Sonnenlicht, das so ganz anders war als ihr früheres schattiges Zuhause in den Bergen. Nur einer Katze fiel die Anpassung schwer. Sie litt an hartnäckigen, massiven Problemen, die aus mentaler Instabilität und großer Empfindsamkeit herrührten. Der Rest der Mannschaft blieb glücklich und zufrieden.

Die glückliche Menagerie ist das eine Ende des Spektrums. Am anderen Ende gibt es auch einige Tiere, die sich Umzügen nicht leicht anpassen. Zum Beispiel traf ein Zoo in Kalifornien die Entscheidung, ein neues Bärengehege zu errichten. Es wurde Geld aufgetrieben, damit einer der Bären umziehen und in den Genuss einer größeren und vielseitigeren Umgebung kommen konnte. Die hochmoderne Anlage bot alle möglichen Extras, von spektakulären Ausguckstationen für Menschen bis hin zu vielfältigen anregenden Angeboten für Tiere. Zu den Tieren, die dort einziehen sollten, gehörte ein Bär, der sein Leben lang in einer alten Höhle im Zoo gelebt hatte, und mehrere verwaiste Bärenjunge, die vor kurzem aus der Wildnis in den Zoo gebracht worden waren. Bis zu diesem Zeitpunkt war das Leben des Zoobären sehr vorhersagbar gewesen. Er zog nun in das neue Gehege um, ohne dass man ihm oder den anderen Bären genug Zeit gegeben hätte sich einzugewöhnen. Daher gerieten die Tiere durch den Umzug in extremen Stress, der sich durch stereotypes Auf- und Ablaufen und Krankheit ausdrückte. Obwohl die neue Einrichtung für das menschliche Auge gut aussah, gab es Fehler in der Anlageplanung. Außerdem gestattete die Eile, mit der das Gehege dem Publikum zugänglich gemacht werden sollte, den Bären keine angemessene Integrationszeit. Als die Unruhe überhand nahm, erwog man den Einsatz von Beruhigungsmitteln, wandte sich dann aber doch den Fehlern in der Anlage zu, und letzten Endes konnte auf Medikamente verzichtet werden. Der alte Bär starb leider an dem Aufruhr und Stress, die der Umzug mit sich brachte, der Rest der Tiere aber überlebte und passte sich an.

Auch bei Haustieren lässt sich stereotypes Verhalten oft auf ein Übermaß an Stress zurückführen. Manche Tiere legen solche Verhaltensweisen an den Tag, wenn sie sich an das Verhalten ihrer Besitzer so sehr gewöhnt haben, dass es für sie vorhersagbar geworden ist. Die Tiere beginnen, bestimmte Aktivitäten zu erwarten und wenn diese dann nicht stattfinden, verursacht ihnen das Stress. Es kann sein, dass ein Hund, der sein Essen zu einem bestimmten Zeitpunkt erwartet, kurz vor dem Füttern auf und ab zu laufen beginnt, oder dass er anfängt zu bellen und zu winseln. Wenn man ihn dann füttert, bestärkt man dieses Verhalten, sodass es mit der Zeit immer schlimmer wird.

Hunde, die im Freien gehalten werden, führen normalerweise ein langweiliges Leben, oft fehlt ihnen die starke Verbindung zum Besitzer, die Haushunde haben. Nach draußen verbannte Haustiere weisen viel mehr Verhaltensprobleme auf als Tiere, die in einen Haushalt integriert sind. Hunde fangen in diesem Fall häufig an, durch Graben, Kauen und Beißen Schaden anzurichten oder unaufhörlich zu bellen und am Zaun entlangzurennen. Verhaltensprobleme weisen uns darauf hin, dass eine Veränderung notwendig ist.

Wissen, was zu tun ist

Für unser Wachstum ist es wichtig, über das Bedürfnis nach Bestätigung von außen hinauszugehen und so zu leben, dass wir sicher in uns selbst ruhen. Das kann schwierig sein. Einer der großen gesellschaftlichen Zwänge, unter dem viele Frauen in den westlichen Kulturen stehen, betrifft die Überbetonung der äußeren Erscheinung vor der Persönlichkeit. Manche Leute sind sehr empfänglich für das, was andere über sie denken. Bulimie, Magersucht und andere Störungen haben ihre Ursache unter anderem in niedriger Selbstachtung. Der Versuch, den herrschenden Normen zu entsprechen oder etwas durch Essen zu kontrollieren, ist ein Fehlverhalten, ähnlich dem, wie Tiere es aufweisen. Manche Tiere erbrechen ihr Essen aus Langeweile oder um Aufmerksamkeit zu erregen. Gewöhnlich verleiben sie es sich, zur Abscheu anwesender Menschen, anschließend wieder ein.

Für viele Menschen stellen die Ferien eine problematische Zeit dar, besonders für diejenigen, die sich ausgestoßen oder isoliert fühlen. Ähnlich wie Haustiere, die von ihren Besitzern getrennt sind, brauchen diese Menschen Anschluss. Angehörige oder Freunde sind für uns von großer Bedeutung, aber schenken wir eigentlich den Menschen um uns herum genug Aufmerksamkeit? Zu den schönsten spirituellen Praktiken, die ich kennen gelernt habe, gehören so genannte »Waisenpartys«, bei denen Menschen sich um andere bemühen, um ihnen zu zeigen, dass sie wertgeschätzt werden.

Meine erste »Waisenparty« wurde von Leuten organisiert, die ich vom College her kannte. Zu ihrer spirituellen Praxis gehörten wöchentliche Plauderstunden am Kamin, bei denen Menschen jeglicher Herkunft sich über verschiedene spirituelle Themen unterhielten. Da ich den Dezemberurlaub nicht zusammen mit meiner Familie verbrachte, luden sie mich ein, an ihrer Party teilzunehmen. Jeder der Anwesenden war auf irgendeine Weise »verwaist« – von seiner Familie oder anderen wichtigen Bezugspersonen getrennt. Die zwei Organisatorinnen der Veranstaltung schenkten den Menschen, denen sie in ihrem Leben begegneten, wirklich ihre Aufmerksamkeit. Es war eine der schönsten Zusammenkünfte, die ich je erlebt habe. Diese Frauen verließen sich – ähnlich wie Tiere – auf ihren Instinkt und brachten Menschen zusammen, die sich sonst während der Ferienzeit gestresst oder allein gefühlt hätten.

Tiere wissen instinktiv, welche Verhaltensweise die richtige ist. Therapietiere sitzen oft ruhig da und erlauben den Patienten sie zu bemuttern. Ein andermal regen sie vielleicht Interaktionen an oder nähern sich einem Patienten, um ihn zu berühren. Wo

Menschen verlegen sind, weil sie nicht wissen, was sie sagen oder tun sollen, handeln Tiere ganz einfach. Sie vertrauen und verlassen sich auf ihre Instinkte, nicht nur zum Überleben, sondern auch in Bezug darauf, was gerade das passende Verhalten ist. Das ist etwas, dem wir Beachtung schenken sollten.

Selbstvertrauen zu entwickeln ist ebenfalls eine wichtige Lektion auf dieser Stufe unserer Leiter. Wenn ich meinen Bauchgefühlen oder Instinkten folge, liege ich gewöhnlich richtig. Wildtiere tun das immer – es sichert ihr Überleben. Wenn wir dahin gelangen, uns selbst wirklich zu vertrauen, wandelt sich unser Leben zum Positiven. Aber Menschen wehren sich gegen Veränderungen. Dieser Widerstand schafft Stress und verhindert, dass wir uns entwickeln.

Es ist schon komisch, aber das Einzige, worauf sich in der Welt des Tiertrainings zwei Trainer einigen können, ist, dass der dritte Trainer Unrecht hat. Die Methoden des traditionellen Tiertrainings haben lange Zeiten überdauert und manche Leute weigern sich, etwas anderes auch nur auszuprobieren. Lieber beim Altbewährten bleiben, sagen sie, als seine Gesundheit und Sicherheit oder die seiner Schützlinge aufs Spiel zu setzen. Das Ausbilden von Tieren ist sowohl eine Kunst als auch eine Wissenschaft, aber die neuen Methoden, die mit positiver Verstärkung arbeiten, sind in Wirklichkeit gar nicht so neu. Heutige Techniken sind verfeinert, aber bereits um 1800 entdeckte ein Mitglied der Zoofamilie Hagenbeck, dass er bei den Tieren durch Belohnung besseres Verhalten erzielen konnte. Er wurde berühmt durch seine außergewöhnlichen und innovativen Wege in der Tierpflege und beim Tiertraining. Dennoch werden heute Haushunde immer noch mit Methoden abgerichtet, die kurz nach dem Zweiten Weltkrieg aufkamen. Ich ziehe die modernen, weniger gewaltsamen Verfahren vor.

Manche Menschen sträuben sich gegen Veränderungen. Als ich lernte, wie man einen Computer benutzt, füllte der kleinste von ihnen noch ein ganzes Zimmer. Mir gefallen die meisten Veränderungen, die Computer in unseren Alltag bringen, aber viele

Leute weigern sich immer noch, sie zu benutzen. Wir sollten uns anpassen und Vertrauen in unsere Entscheidungen haben. Dabei geht es nicht um richtig oder falsch, sondern darum, die Dinge zu akzeptieren. Wenn wir von einem Zentrum der Stärke und Sicherheit ausgehen, können wir Veränderungen annehmen und die Entscheidungen anderer respektieren, ohne das Gefühl zu haben, dass unsere Überzeugungen und Werte angegriffen werden.

Von der Angst zur Anerkennung

Alles Lebendige spielt eine Rolle in dieser Welt. Ganz gleich wie bezaubernd oder abstoßend wir ein Tier finden, jedes einzelne Geschöpf hat etwas beizutragen. Wenn wir anfangen, Tiere zu beobachten oder enger mit ihnen zusammenzuarbeiten, verändert sich unser Blick auf das Leben. Das Gleiche geschieht, wenn wir gemeinsam mit Menschen aus anderen Kulturen oder mit anderer Herkunft arbeiten.

Tiere können die unterschiedlichsten Reaktionen in Menschen auslösen. Obwohl unzählige Menschen sich Haustieren zuwenden, fürchten viele sich vor Wildtieren oder sogar vor Insekten. Diese Tiere werden irrtümlicherweise mit Misstrauen und Angst, sogar mit Ärger betrachtet.

Paul, der beim Forstamt angestellt ist, sagte: »Mich erstaunt es immer wieder, wie realitätsfern manche Leute sind. Es scheint zwei verschiedene Gruppen zu geben – die ersten kommen in den Wald und glauben, Bären seien wie *Smokey der Bär* oder *Yogi Bär*, die Cartoon-Figuren. Sie wollen sie streicheln oder füttern und begreifen überhaupt nicht, dass Bären wilde Tiere sind. Dann gibt es noch die Wildnis-Fans, die wahrhaftig wissen, wozu Bären in der Lage sind. Die tun alles, was in ihrer Macht steht, um ihnen aus dem Weg zu gehen.«

Während einer Dürreperiode in Südkalifornien drangen viele Tiere auf der Suche nach Aas und Wasser in besiedelte Gebiete vor. »Dadurch erhöht sich das Risiko, dass es zu Zwischenfällen kommt«, meinte Paul. »Wir haben überall Warnschilder aufgestellt, da die meisten unserer Besucher aus der Stadt kommen und keine Ahnung haben, was ein Bär wirklich ist und wozu er in der Lage ist. Vor ein paar Jahren ist ein Bär in einen Campingplatz eingedrungen und hat ein Kind aus einem Zelt gezerrt. Das hat den Leuten ihren Realitätssinn zurückgegeben.«

Es reicht schon, das Wort *Puma* in den Mund zu nehmen, um die Menschen in der Nähe von Gebieten, wo es zu Zwischenfällen gekommen ist, erzittern zu lassen. Die Angst, angegriffen oder gefressen zu werden, ist sehr groß, obwohl das Risiko gering ist. Menschen, die in der Wildnis leben, gehen häufig ganz locker damit um, dass wilde Tiere in der Nähe sind. In den Landkreisen von Mendocino und Humboldt (Kalifornien) nahmen amerikanische Ureinwohner und Einheimische es als selbstverständlich hin, wenn neugierige Pumas ihnen folgten. Wenn wir in ihr Territorium vordringen, ohne uns anzupassen und Verständnis für die Natur aufzubringen, tauchen Probleme auf. Uns unseren Ängsten – manchmal buchstäblich – zu stellen, kann das Wunder bewirken, sie aufzulösen.

Eine Geschichte, die Wildhüter Paul erzählte, überraschte sogar mich: »Die Besucher, die hierher kommen, haben merkwürdige Vorstellungen darüber, wie die Welt funktionieren sollte«, sagte er. »Viele Leute fragen uns, warum wir im Wald keine Insektizide benutzen, um die Insekten loszuwerden. Sie haben tatsächlich keine Ahnung, welche Rolle diese Wesen für das Gleichgewicht der Natur spielen.«

Jedes Lebewesen ist ein Faden in dem, was wir das »Gewebe des Lebens« nennen. Wir sind auf diese Weise alle miteinander verbunden. Diese Verbindung erfordert Verantwortung, Fürsorge und Respekt für alle Geschöpfe. Jedes Individuum hat etwas Wichtiges zur Welt beizutragen. Jedes Tier, ob Insekt, Fisch, Vogel, Reptil oder Säugetier, kann uns etwas lehren und uns zeigen, wie wir in Harmonie miteinander leben können. In der Geschichte der Arche Noah wurden Tiere jeder Art an Bord der Arche gebracht, um sie vor der Flut zu bewahren. Sie waren damals von Bedeutung, und sie sind es auch heute.

Auch Insekten, Spinnen und sogar Zecken sind für das Gleichgewicht in der Natur unverzichtbar. Weil die meisten Menschen inmitten von Beton und Asphalt wohnen und vom Leben in der Natur weit entfernt sind, sehen viele von ihnen Raubtiere, Nagetiere und Insekten als Schädlinge an. Wenn man über Insekten spricht oder über irgendetwas, das kriecht oder krabbelt, dann reichen die Reaktionen von Faszination bis hin zu Ärger, Furcht oder sogar Hass.

Einmal gab ich in einer privaten Einrichtung einen Kurs über vergleichende Tierwissenschaften. Die Teilnehmer lernten etwas über das Leben im Regenwald, während sie vergleichende Beobachtungen in den nahen Bergen und den umliegenden Regionen von Südkalifornien anstellten. Sie zeigten sich fasziniert von der Einzigartigkeit der Insekten und ihrer Verwandten. Auch wenn Insekten vielen Menschen lästig sind, tragen sie doch Wesentliches zu unserem Leben bei.

Indem sie Blüten bestäuben, sorgen Insekten für Nahrung auf unseren Tellern und in unseren Vorratskammern. Unsere Beziehung zu den Honigbienen nahm vor über 12 000 Jahren im alten Mesopotamien ihren Anfang. Honig für unsere Speisetafel und Wachs für Kosmetika, Cremes und Kerzen sind nur ein Teil dessen, was sie uns zu bieten haben.

Lange bevor wir über das Recycling nachdachten, lieferte die Natur uns Vorbilder. Käfer, Ameisen, Fliegen, Maden und verwandte Insekten dienen als Reinigungstruppe und Wiederverwertungsspezialisten. Viele Äonen lang sorgen sie für den Abbau von Tierkadavern und pflanzlichen Überresten, wobei viele von ihnen auch noch den Boden durchlüften. Sie mögen keine Würmer? Wie steht es mit Seide? Seidenwürmer haben sich seit mehr als 4 000 Jahren ihren Weg in die Herzen der Seidenliebhaber gesponnen.

Arachnophobie ist die Angst vor Spinnen. Ein Film gleichen Namens brachte die Leute scharenweise dazu, sich vor Ekel zu winden. Dabei sind Spinnen, ähnlich wie einige ihrer Verwandten aus dem Insektenreich, speziell angepasste Räuber, die uns bei der biologischen Schädlingsbekämpfung behilflich sind. Sogar Zecken und Käfer tragen durch die Verbreitung von Krankheiten zur Kontrolle von Tier- und Pflanzenpopulationen bei. Wer weiß, vor welchen Schwierigkeiten wir stünden, wenn wir sie und ihr eindämmendes, ausgleichendes Wirken nicht hätten!

Jede Nation hat eine andere Auffassung von Tieren. Während die meisten westlichen Gesellschaften den Verzehr von Hunden und Katzen missbilligen, betrachten manche Menschen aus anderen Kulturen sie als Delikatesse. Das Gleiche gilt für Kühe. In Amerika und Europa verzehren und benutzen wir viele Produkte aus der Rinder- und Milchwirtschaft, in anderen Ländern wiederum ist die Kuh heilig. Sie werden den Gedanken an Fliegen und Ameisen, die in Ihr Haus eindringen, vielleicht hassen – die Eingeborenen hingegen benutzten Maden, um Infektionen zu heilen, und abgetrennte Ameisenköpfe, um Wunden zu vernähen.

Am Anfang meiner beruflichen Laufbahn arbeitete ich als Führerin auf Walbeobachtungstouren und hielt Vorträge über das Leben im Meer und in Gezeitentümpeln. Zu dieser Zeit stellten Aquarien und Ozeanarien noch eine Neuheit dar, sie enthüllten den Menschen erstmals das Leben im Meer. Die nahen Begegnungen mit dressierten Walen und Delfinen erfüllten die Menschen mit Ehrfurcht. Unter dem Bann dieser Tiere formte sich in ihnen die Vorstellung, dass Wale und Delfine mystische oder magische Tiere seien – die gleiche Faszination hat in vielen Kulturen Jahrhunderte überdauert.

Die Geschichte von Jona im Alten Testament berichtet, wie er von einem großen Fisch verschluckt wurde. Jona blieb im Bauch des Fisches, bis dieser ihn drei Tage später an die Küste spie. Die griechischen Sagen erzählen von Delphinos, einem Meeresgott, der auszog, um Poseidon eine Braut zu holen. Als Belohnung für seinen Dienst wurde Delphinos als Sternbild »Delfin« an den

Nachthimmel versetzt. Sowohl Shakespeares *Was ihr wollt* als auch Herodot, ein Geschichtsschreiber aus dem fünften Jahrhundert, erzählen von Arion, einem Jungen, der den Delfinen Musik vorspielte. Zum Klang seiner Melodien tauchten, sprangen und tanzten sie in den Wellen. Die Delfine folgten ihm sogar auf eine Reise, die beinahe schlecht geendet hätte. Um zu entkommen, sprang Arion von Bord des Schiffes auf den Rücken eines Delfins und gelangte auf diese Weise sicher nach Hause.

Neben den Berichten über die Gutmütigkeit von Delfinen existieren auch Berichte über Menschen, die von diesen ständig lächelnden Tieren aufs Meer hinausgestoßen oder angegriffen wurden. Delfine sind nicht der zahme Flipper aus der gleichnamigen Fernsehserie, auch wenn die Menschen das glauben wollen. Die Natur ist eine ernsthafte Lehrerin, sie hält uns in ihrem Bann mit ihrer Komplexität, ihren Geheimnissen und ihrer Macht. Indem wir auf dieser Erde stehen, sind wir verbunden. Je weiter wir uns von den täglichen Begegnungen mit Tieren und dem natürlichen Leben um uns herum entfernen, desto stärker sehnen wir uns danach. Die Tiere üben große Anziehungskraft auf uns aus. Menschen sind neugierig, sie wollen diese Wesen kennen lernen, die sich auf so einzigartige und faszinierende Weise an das Leben angepasst haben.

Durch unsere Angst hindurchzugehen und Vertrauen in uns selbst und die göttliche Führung zu erlangen, ist vielleicht das letzte Stadium, bevor es uns gelingt, nur noch zu beobachten und nicht länger zu urteilen. Um durch die Angst hindurchzugehen, müssen wir ruhig werden und in unsere Mitte kommen. Wir müssen aus einer Distanz heraus wahrnehmen und durch die Augen unseres höheren Selbst sehen.

Manches davon können wir erlernen, indem wir eine Katze beobachten: wie sie ihr Gleichgewicht wahrt, wie spielerisch leicht sie alle Dinge tut und dabei ihre Umgebung im Auge behält, wie intensiv und zugleich anmutig sie sich bewegt, während ihre Konzentration auf die Jagd gerichtet ist. Sie kann uns daran erinnern, innezuhalten und fokussiert zu bleiben.

Sich selbst und andere akzeptieren

Es gehört Verletzbarkeit dazu, Vertrauen zu erlernen, eine Verletzbarkeit jedoch, die von dem Verständnis für uns selbst und andere getragen ist. Dazu ist es nötig, dass wir unsere Vorurteile und Mutmaßungen aufgeben. Im Laufe unseres Wachstumsprozesses lernen wir zu unterscheiden zwischen einem Urteil aus tieferer Einsicht und einer Diskriminierung, die andere Lebewesen benachteiligt.

Wenn Tiere andere diskriminieren, tun sie das, weil die Natur auf das Überleben ausgerichtet ist. Viele Tiere wehren sich gegen Fremde und manche Tiere vernichten die Schwachen. Raubtiere tragen zur natürlichen Auslese innerhalb der Population bei, indem sie die Kranken, Jungen oder Alten aussondern. Tiermütter füttern vor allem die Starken und wenn der Futtervorrat knapp ist, geben sie ihren Nachwuchs manchmal ganz auf. Im Gegensatz dazu sind Menschen in der Lage, ihre Wahlmöglichkeiten einzuschätzen und anders als mit Angst oder Ablehnung zu reagieren. Der Umgang mit Tieren wie Spinnen und Schlangen ist nur ein kleiner Schritt auf dem Weg zu größeren Herausforderungen – jeder von uns hat seine eigenen Hürden zu überwinden. Manchmal gelingt uns das, indem wir vergeben, loslassen oder mehr Akzeptanz aufbringen. Dabei kann es um rassistische, geschlechtsspezifische, sexuelle oder altersbedingte Diskriminierung gehen, gewöhnlich tauchen unsere Lektionen aber auf Gebieten auf, wo wir uns selbst »schwächer« fühlen. Mangelnde Wertschätzung hat ihren Ursprung häufig im eigenen Selbst. Können Sie in den Spiegel schauen und sehen, wie Ihnen Göttlichkeit entgegenstrahlt? Können Sie wirklich von sich behaupten, dass Sie sich selbst lieben? Oder sehen Sie im Spiegel nur das, was an Ihnen falsch ist?

Der Eisbär lebt in einer Welt reiner Reflexion und reinen Lichts. Er akzeptiert sich selbst und seine Umgebung. Er beansprucht alles für sich und alles ist transparent: das Wasser, das Eis, sogar die hohlen Schäfte seiner Fellhaare. Das Sonnenlicht, das ihn einhüllt, vermag diejenigen zu blenden, die nicht darauf eingestellt sind, aber den Eisbären trägt seine Widerstandskraft durch alle Jahreszeiten. Die Sonne, die an den langen Tagen rund um die Uhr scheint und vielen Menschen Erschöpfung und Verdruss bereitet, kann ihm nichts anhaben. Der Bär verlässt sich auf all seine Sinne. Alles ist erhellend für dieses Tier, das im vollen Besitz seiner Kraft ist. Der Eisbär ist uns ein Beispiel für Klarheit, Einsicht, einen weiten Blick, ungetrübte Sicht und die Fähigkeit, sich selbst von der Welt zu distanzieren. Er verfügt über eine Vielzahl von Überlebens- und Jagdstrategien, lernt schnell und ist unendlich geduldig.

Wenn Sie Ihre Kraft voll in Besitz nehmen, wird nicht länger die Vergangenheit über Ihr Handeln bestimmen. Sie sehen die Dinge klar und können daher eine andere, umfassende Perspektive gewinnen. Jemand der als Erwachsener sein altes Klassenzimmer besucht, wundert sich vielleicht darüber, wie klein es nun wirkt, während ihm seine Erinnerung einen viel größeren Raum vorgaukelt. Die Spielorte unserer Erinnerungen noch einmal aufzusuchen, kann den Griff lockern, mit dem sie uns festhalten. Durch Veränderung Ihres Blickwinkels können Sie an einen Punkt gelangen, wo Sie ohne Bedauern auf schmerzliche oder verstörende Erinnerungen zurückblicken. So wie der Bär, der einen Eisberg hinaufstapft, können Sie sich über Ihre eingefrorenen Emotionen erheben, um eine ungetrübte Sicht zu bekommen. Wenn Sie aus der Höhe die Landschaft überblicken, sehen Sie, wie die Überwindung schmerzlicher Erfahrungen Sie auf eine höhere Stufe befördert hat. Ihre Anstrengungen, den Gipfel zu erreichen, bringen Sie dem Göttlichen näher.

Von diesem Aussichtspunkt aus bieten sich neue Einsichten, und Sie können sich von den Dingen distanzieren, die Ihre instinktiven Reaktionen und Ihre wahren Gefühle verdunkeln. Vom Gipfelpunkt aus kann man alte Überlebensstrategien in Lebenskunst verwandeln oder veraltete Vorgehensweisen durch effektivere ersetzen. Man kann lernen, Geduld zu haben mit sich selbst und anderen. Neue Strategien ermöglichen es, ein geachteter Jäger zu sein, nicht nur aus eigener Kraft, sondern auch aus einer Kraft, die aus höherer Quelle stammt. Diese Stärkung hilft uns auf der Weiterreise zur nächsten Ebene des spirituellen Wachstums.

Um uns diesen Herausforderungen zu stellen, benötigen wir zunächst einmal Selbstakzeptanz. Wenn wir unseren neuen Aussichtspunkt erreicht haben, gelingt es uns vielleicht auch, alle anderen mit Akzeptanz zu betrachten und uns in einen Raum von Liebe und Verständnis hineinzubegeben. So nähern wir uns der nächsten Stufe der spirituellen Entwicklung und begegnen dem Löwen.

4. Das Herz des Löwen

*Von Liebe, Mut und
Mitgefühl*

*D*as mit tief schokoladenfarbenen Flecken übersäte Fell des jungen Berglöwen würde im Alter von sechs Monaten zu einem schönen lohfarbenen Ton verblassen und nur wenige dunkle Markierungen zurückbehalten. Obwohl er erst wenige Monate alt war, wehrte er sich mit aller Macht dagegen, fotografiert zu werden. Schließlich hielt ich ihn am Nackenfell in die Höhe, während er verärgert die Ohren zurücklegte. Er war nur um weniges größer als eine Hauskatze, bestand aber ganz aus Muskeln und war bereits mit Zähnen und Klauen ausgestattet, die erheblichen Schaden anrichten konnten. Die Augen des Berglöwen leuchteten, er zischte und fauchte. Seine Größe tat nichts zur Sache, er besaß das Herz eines Löwen – die Unerschrockenheit war ihm angeboren.

Die meisten Leute haben, wenn sie an Löwen denken, afrikanische Löwen vor Augen – große Raubtiere, die in Familienverbänden, so genannten Rudeln, zusammenleben. Die männlichen Tiere unter ihnen tragen dicke Mähnen, die ihren Kopf und Nacken schützen. Afrikanische Löwinnen sind kraftvoll und geschmeidig, sie jagen für die ganze Gruppe und arbeiten eng zusammen, um ihre Familien zu ernähren. Berglöwen oder Pumas sind im Vergleich dazu kleinere, schlanke Katzen mit prächtigen schwarzen Markierungen um Nase, Backenknochen und Ohren. Die dunkel gerahmten Augen verleihen den erwachsenen Tieren ein beeindruckendes Aussehen. Diese Katzen sind kleiner als ihre bekannteren afrikanischen Vettern, aber sie machen ihre Größe durch Beherztheit wett.

Löwen sind vor allem mutig. Sie vermeiden Kämpfe, fürchten sich aber nicht davor, sich ihren Gegnern oder ihren Ängsten zu stellen. Manchmal greifen sie sogar Beutetiere an, die schwerer sind als sie selbst. Löwen sind neugierige Wesen, zärtlich im Umgang miteinander und ihren Partnern leidenschaftlich zugetan.

Die Muttertiere beider Löwenarten führen, lehren und beschützen ihre Jungen. Diese Tiere bewahren ihre Energie für Dinge, die wirklich wichtig sind, sie regen sich nicht unnötig auf. Sie verdeutlichen die Lektionen, die auf der vierten Stufe der spirituellen Leiter zu lernen sind, und geben uns ein Vorbild für »ein großes Herz«.

Um aus dem innersten Kern heraus zu leben, darf man nicht schwachherzig sein, dafür ist der Löwe ein gutes Beispiel. Wenn wir auf dieser Stufe im Gleichgewicht sind, entspringt unser Handeln einem Zentrum von Mitgefühl und Liebe. Befinden wir uns nicht in Harmonie, dann kommt es zu Symptomen wie Einsamkeit, Eifersucht, Bitterkeit und Ärger, der Unfähigkeit anderen zu vergeben, einem Mangel an Hingabe und dem Unvermögen, unserem Herzen zu folgen oder uns selbst emotional zu schützen. Auf dieser Ebene müssen wir lernen, anzunehmen, wer wir im Moment sind und uns selbst wie auch die Menschen um uns herum zu lieben.

In einer berühmten Kirche in San Diego sprachen wir ein einfaches Gebet, um uns an unseren Platz auf dieser vierten Stufe zu erinnern: »Die göttliche Liebe, die durch mich hindurchfließt, segnet und vermehrt alles was ich bin, alles was ich habe und alles was ich bekomme.« Bei dieser Aufzählung blieb ungesagt, dass die göttliche Liebe auch all die Wesen segnet, denen wir begegnen. Liebe ist der Katalysator, durch den wahre Heilung in Gang gesetzt wird. Der emotionale Schmerz, den wir in unserem Leben erfahren, kann durch die Liebe in einem Moment geheilt werden. Das klingt großartig, nicht wahr? Aber dorthin zu gelangen ist nicht so einfach. Tatsächlich müssen wir Menschen jeden Tag bewusst daran arbeiten. Um bedingungslose Liebe zu erleben, müssen wir fähig sein zu vergeben, mitfühlend zu sein und alte emotionale Wunden in uns zu heilen.

Durch den Schmerz hindurchgehen

Einer der emotional härtesten Jobs ist die Arbeit in einem Tierasyl oder Tierheim. Man nimmt die Tiere entgegen, die einem gebracht werden und betreut sie so lange, bis sie ein Zuhause finden oder zu verstört sind, um sie länger behalten zu können. Eine kurze, herzzerreißende Zeit lang war ich Mitarbeiterin in einem Tierheim. Ich habe in einigen Fällen zusehen müssen, wie sich der Zustand der Tiere verschlimmerte. Ich war auch bestürzt darüber, wie viele Menschen täglich hierher kamen, um ihre Tiere loszuwerden – es fiel mir schwer, ihr Verhalten nicht zu verurteilen. Was ich dort sah, fügte meiner mitfühlenden Natur echte Schmerzen zu.

Es gibt viele Gründe, weshalb Leute Tiere weggeben: der Umzug in ein neues Heim, die Geburt eines Kindes, die Entscheidung, dass das Tier zu groß, zu klein oder zu lebhaft ist, dass es zu sehr haart, zu schmutzig ist oder die Tatsache, dass man keine Erlaubnis des Vermieters eingeholt hat, bevor man sich ein Haustier zulegte. Nur wenige Haustierbesitzer waren bereit, die Mühe auf sich zu nehmen, ihre Situation entsprechend anzupassen – es war leichter für sie, das Tier wegzuwerfen. Was ich jedoch mit Interesse verfolgte, war die Reaktion der Tiere. Tieren ist die Fähigkeit angeboren, im Moment zu leben. Sie sind gute Vorbilder, von denen wir etwas über Vertrauen, Hoffnung, Liebe und die Fähigkeit zu heilen lernen können.

Obwohl jedes dieser ausgesetzten oder aufgegebenen Tiere auf seine eigene Weise trauerte, akzeptierten die meisten von ihnen die Situation und machten das Beste daraus. Die Tiere spielten, sie bemühten sich um Aufmerksamkeit und unterhielten mit ihren Possen sowohl Besucher als auch Personal. Viele von ihnen fanden ein neues Zuhause, das besser war als das vorherige, aber manche Tiere litten seelisch und verkümmerten. Trotz der professionellen Ausbildung ist eine solche Arbeitssituation deprimierend. Ich versuchte darüber hinwegzutäuschen, indem ich nach außen hin andere Emotionen zeigte, und bemühte mich, eine professionelle und distanzierte Haltung an den Tag zu legen. Aber auch ich bin ein Tier und ziemlich miserabel darin, meine Gefühle zu verbergen. Menschen gehen mit Situationen wie dieser unterschiedlich um. Manche greifen zu Verhaltensweisen, die nicht logisch erscheinen, wie im folgenden Fall eines Hundes namens Gypsy.

Als ich nach einem freien Tag wieder zur Arbeit kam, entdeckte ich in dem Gehege für die überzähligen Tiere eine schwangere Hündin. Wanda, die Leiterin des Hundezwingers, erzählte mir, sie habe sie einfach nicht zurückweisen können. Gypsy war ein magerer, schäbig aussehender Straßenköter. Mit dem Körper eines Corgi, den Ohren eines Kojoten und dem drahtigen Fell eines Terriers war sie eine beherzte kleine Promenadenmischung, die jeden anzugreifen versuchte, der sich ihrem Käfig näherte. Die einzige Person, die Gypsy gnädig akzeptierte, war Wanda. Nur Wanda durfte Gypsy füttern und sauber machen ohne Gefahr zu laufen, von ihr attackiert zu werden. Vom professionellen Gesichtspunkt aus konnte ich nicht nachvollziehen, wieso Wanda diese Promenadenmischung in das bereits überfüllte Heim aufgenommen hatte, besonders da Gypsy kurz vor der Geburt stand (was bedeutete, dass wir sie mindestens einige Monate lang nicht vermitteln konnten). Hinzu kam, dass der neue Wurf Welpen ebenfalls untergebracht werden musste. Meine Sorge war, dass die Welpen eher ein Zuhause finden könnten als der ältere, größere Hund, der schon ewig lang im Heim wohnte.

Als Gypsy schließlich ihre Jungen zur Welt brachte, wurde die Lage kompliziert. Jetzt wurde Gypsys aggressives Verhalten deutlich offensiver, sie verteidigte ihr Territorium und griff ohne Anlass andere an. Als ob das noch nicht genug wäre, war sie auch noch eine miserable Mutter. Die Dinge eskalierten, als einige Hündchen aus der warmen Welpenkiste auf den kalten, harten Zementboden rutschten und ihr Überleben durch Unterkühlung bedroht war. Da Wanda gerade nicht arbeitete, war ich dazu ausersehen, sie zu retten. Ich bewaffnete mich mit dem metallenen Abfalleimerdeckel aus der Vorratskammer als Schutzschild und betrat so Gypsys Käfig. Gypsy schnappte immer wieder nach mir, aber ich wehrte ihre Angriffe ab wie ein Gladiator, der gegen einen Zwerg kämpft. Mit der anderen Hand fummelte ich herum, um die eigensinnigen Welpen zurück in ihre warme Box zu befördern. Ich entkam mit heiler Haut. Nach diesem Vorfall hieß Gypsy mich genauso wie Wanda im Schoß ihrer Familie willkommen.

Später erkannte ich, dass Wanda unbewusst ein Projekt an Land gezogen hatte, das gut für die Arbeitsmoral war. Jeder von uns machte viel Wirbel um Gypsy und ihre Jungen. In einem Umfeld, in dem viele Tiere aus physischen oder seelischen Gründen nicht überlebten, waren diese Welpen voller Leben – sie brachten uns zum Lachen und ließen uns Tränen der Freude vergießen. Natürlich fanden sie auch alle ein Zuhause. Im Laufe dieses Prozesses machte jeder von uns eine Entwicklung durch: Gypsy entwickelte sich zu einer sorgsameren Mutter und brachte Wanda dazu, sie mit zu sich nach Hause zu nehmen. Ich wurde daran erinnert, dass es die kleinen Dinge im Leben sind, die Wachstum und Bewusstheit fördern. Ich glaube, wir übersehen oft die kleinen Entwicklungsschritte, die uns der Erleuchtung oder der Verbindung mit unserem höheren Selbst näher bringen.

Ich selbst gelangte durch diese Ereignisse wieder zur Verbindung mit meinen Emotionen, trotz des überwältigend schmerzlichen und frustrierenden Arbeitsumfeldes. Obwohl ich erkannte, dass ich dort nicht bleiben konnte, führten meine Erfahrungen dazu, dass ich ein neues Hilfsprogramm für Tiere in Not entwickelte. Dieses Programm überließ ich einer nationalen Tierschutzorganisation und einem landesweiten Netzwerk für Tiertraining zur Durchführung. Was meine Rolle im Tierheim lohnenswert machte, war, dass ich mich mit den Tieren in ihrem Leid verband und ihnen half hindurchzugehen. Ich beobachtete, wie sie sich an das Heimleben anpassten und Fortschritte machten, wie sie bessere Verhaltensweisen erlernten und (wenigstens einige von ihnen) schließlich ein passendes Zuhause fanden.

Tiere, die vom Schicksal dazu verurteilt wurden, in einem Tierheim oder einer Tierrettungsstation zu leben, rufen unser Mitgefühl auf den Plan. Das geschieht auch im Umgang mit anderen Tieren, aber die Hilflosigkeit und Kargheit des Heimlebens fordern uns in besonderem Maße zum Handeln auf. Tiere verlangen, dass wir etwas von uns selbst geben – sie wollen nicht nur Nahrung, Wasser und Unterkunft. Es macht einen großen Unterschied, wenn Menschen etwas von sich selbst geben. Wenn wir bei den Tieren anfangen, können wir es vielleicht auch zu Hause, in unserer Nachbarschaft oder in größeren Gemeinschaften fortsetzen. Viele Familien geben lieber etwas von ihrem Besitz oder Geld als ihre Zeit und ihre Gefühle. Wann haben Sie zum letzten Mal mit Ihrem Nachbarn eine Tasse Kaffee getrunken? Kennen Sie die Tiere in Ihrer Nachbarschaft, aber nicht die Nachbarn? Haustiere kennen normalerweise jeden in der Gegend.

Aus jedem Unglück erwächst etwas Gutes

Unsere Bergungsarbeit während des Hurrikans George in Florida begann sich gegen Abend zu beruhigen, als ein alter, klappriger Honda vorfuhr. Die Frau, die ausstieg und auf mich zustürzte, sah äußerst mitgenommen aus. Ihr kurzes braunes Haar stand in alle Richtungen ab, ihre Kleider klebten von der Feuchtigkeit dicht am Körper und sie trug keine Schuhe an den Füßen. Sie war hier, um Hilfe zu holen.

Die Überflutung durch den Hurrikan hatte ihre kostbaren Tiere im obersten Stock ihres Hauses eingesperrt. Wir luden schnell ein paar Transportkisten auf, dann folgte ich ihr dahin, wo einmal ihr Zuhause gewesen war. Die Hunde schwammen zusammen mit ihrem Ehemann hinaus, er hielt sie an Seilen fest, die er ihnen um den Hals gebunden hatte. Es waren Promenadenmischungen von der Straße, die sie liebte, die für Fremde aber gefährlich waren. Als ich die Hunde in die Rettungsfahrzeuge laden ließ, beobachtete ich, dass ihre Freunde die Katzen mangels Transportkisten in ihren Wagen verfrachteten. Als ich losfuhr, sah ich in meinem Rückspiegel die Silhouetten jener, die gerade ihr Zuhause verloren hatten. Sie standen schweigend, mit hängenden Schultern am Rand des Wassers und schauten dumpf über die Wasserfläche hinweg auf das, was von ihrer Vergangenheit noch übrig war.

Rettungsarbeit bringt das Beste und das Schlimmste in den Menschen zum Vorschein. Mein Herz war sehr berührt vom Glauben dieser Frau. Nachdem wir ihre Tiere sicher in die Tierklinik gebracht hatten, unterhielten wir uns ausgiebig miteinander. Ihre Familie und ihre Freunde teilten sich Hotelzimmer und konzentrierten sich auf das Gute statt auf das, was sie verloren hatten. Überlebende einer Katastrophe versetzen mich immer wieder in Erstaunen. Diese Frau war ein Beispiel dafür wie es ist, wenn man sich dem göttlichen Willen hingibt, statt dagegen anzukämpfen.

Während dieser besonderen Katastrophe öffneten die Menschen in Florida ihr Herz, um sich gegenseitig beizustehen. Wir waren ein Team von Sachverständigen und verbrachten unsere Zeit damit, die schwüle Umgebung zu durchstreifen, um Haustieren und in Not geratenen Wildtieren zu helfen. Fast alle Menschen verhielten sich warmherzig und unterstützend, nur einer unserer Mitarbeiter schien sein Herz verschlossen zu haben.

Als die Frau im alten Honda vor unserem Einsatzzentrum vorfuhr, stand Fred neben mir. Er grinste spöttisch und machte Bemerkungen über die »Müllhalden-Frau« – ich war wie vor den Kopf gestoßen. Es mag sein, dass er zu dieser Zeit emotional überlastet war und es verstecken wollte, so wie ich damals im Tierheim. Was immer der Grund für seine Kommentare war, ich ärgerte mich über sein Urteil und seine Härte. Glücklicherweise hatte er nicht näher mit der Frau zu tun, hinter deren äußerer Erscheinung sich für mich ein Schatz verbarg. Ich sah sie nicht mit den Augen, sondern mit meinem Herzen.

Ich arbeite daran, mitfühlend zu sein, vor allem wenn ich mich wieder einmal über das Verschwinden allgemeiner Höflichkeit aufrege und über die Weigerung mancher Menschen, die Verantwortung für ihre Handlungen und ihr Leben zu übernehmen. Heutzutage hängen viele Menschen an vergangenen Schicksalsschlägen, statt sich durch ihre Probleme hindurchzuarbeiten. Carolyn Myss, Heilerin, Medium und Bestseller-Autorin, definiert Heilung als ein Hinwegkommen über den Schmerz, statt ihn auf dem Markt feilzubieten. Wir neigen dazu, an unseren alten Verletzungen festzuhalten, diese können sogar zu einem Verbindungsglied zwischen den Menschen werden. Tiere aber zeigen uns, wie man durch den Schmerz hindurchgehen kann auf die andere Seite.

Gemeinsame Kämpfe, gemeinsame Bindungen

Eines der erfreulichsten Dinge beim Leiten von Tiertrainingskursen ist das Wir-Gefühl, das sich innerhalb der Gruppe entwickelt. Jeder hat mit denselben Schwierigkeiten zu kämpfen. Wie schafft man es, gleichzeitig die Leine zu halten, sich zu konzentrieren, das Handzeichen zu geben und das gewünschte Verhalten hervorzulocken? Im Verlauf der Kurse begrüßen die Schüler einander und unterstützen sich gegenseitig, sie feiern zusammen ihre Erfolge und unternehmen etwas zusammen. Das Tiertraining ist auch eine Therapie, um alte Wunden zu heilen, ob die Menschen es wissen oder nicht.

Als ich begann, Trainingskurse für Haustiere zu leiten, stellte ich fest, dass manche Teilnehmer diese Sache sehr ernst nahmen. Oft war ich überrascht über die emotionalen Reaktionen der Teilnehmer: Ich bekam mit, wie sie miteinander wetteiferten und einander unterstützten, wie sie heftig darüber stritten, wie ein anderes Familienmitglied mit dem Hund umging, oder wie sie vor lauter Frustration in Tränen ausbrachen. Ich begann, den Teilnehmern zu raten, »im Verlauf des Kurses sanft mit sich selbst und anderen in der Familie umzugehen«.

Eines meiner besten Teams bestand aus einem kleinen Zwergpudel und seiner »Mama«. An ihren Leistungen während der Unterrichtsstunden konnte ich erkennen, dass die Frau gewissenhaft arbeitete – sie waren beide hervorragend. In einer Woche war es dann plötzlich so, als hätten sie noch nie zuvor einen Kurs besucht. Dem Hund gelang keine einzige seiner Lektionen. Er blieb einfach stehen und blickte in die Ferne oder schaute sein Frauchen an. Als ich fragte, was mit ihnen los sei, begann die Frau zu weinen.

Ihr Sohn war schwer erkrankt. Da sie jeden Tag Stunden damit verbrachte, an seinem Bett zu sitzen, blieb ihr keine Zeit mehr, den Hund zu trainieren. Andererseits empfand sie das Hundetraining zur Zeit als das einzig Stabile in ihrem Leben. In einer Situation, in der sie nichts tun konnte, um ihrem Sohn zu helfen, war der Erfolg beim Hundetraining für sie etwas, woran sie sich halten konnte und das sie von ihrem Gefühl der Ohnmacht ablenkte.

Während sie schluchzte, erinnerte ich sie daran, dass das Training weniger wichtig sei, als sich um ihren Sohn und um sich selbst zu kümmern. Der Hund half ihr dabei, ein Gefühl von Normalität zu bekommen und sich zu erden, aber sie hing zu sehr am Ergebnis des Trainings und verlor dabei aus den Augen, was wirklich wichtig war.

Der Hund half ihr durch das gegenwärtige Drama hindurch, und ihr zeitweiliges Scheitern beim Hundetraining brachte alte Themen aus ihrer Kindheit an die Oberfläche. Sie hatte das Gefühl, die Kontrolle zu verlieren, und kam sich wie ein Versager vor. Kontrollprobleme verdecken häufig Gefühle von Verlassenheit, Missbrauch oder andere tiefe Verletzungen. Der Verlust der Kontrolle in Bezug auf ihren Hund, ihren kranken Sohn und ihr normales Leben erlaubten tiefer liegenden Verletzungen, die Heilung benötigten, an die Oberfläche zu kommen. Ich nenne es das

»Mit dem Hammer auf den Reißnagel«-Syndrom. Immer wenn die emotionale Reaktion heftiger ist als der tatsächliche Vorfall es nahe legt, handelt es sich um »alten Kram«, der hochsteigt, um von uns gelöst und geheilt zu werden. Letztlich bestanden die Frau und ihr Hund den Unterricht mit Bravour, und sie nahm sich eine Zeit lang frei, um sich mit ihrer Lebenssituation auseinander zu setzen und mit den tieferen Problemen, die dadurch aufgetaucht waren.

Sich an einem Vorbild orientieren

Haustiere und andere Tiere geben uns ein Beispiel, wie man nach den Lehren der spirituellen Meister leben kann. Tiere spiegeln die Lehren Krishnas, indem sie ihre Fähigkeit zu einem Leben in Harmonie beweisen. Sie spiegeln die Weisheit Buddhas durch ihr aufrichtiges Handeln und ihr Mitgefühl. Sie ahmen Christi Vorbild bedingungsloser Liebe nach. Wie Sri Ramakrishna zeigen sie bedingungslose Akzeptanz und Verbundenheit mit allem was ist. Da Tiere angeborene Überlebensinstinkte besitzen, sind sogar die Jungen auf plötzliche Flucht- oder Kampfreaktionen eingestellt. Sie stellen sich schnell auf neue Situationen ein und eignen sich bessere Verhaltensweisen schneller an, als wir erwarten. Neue (menschliche) Kursteilnehmer wundern sich oft darüber, wie rasch ihre Gefährten auf das Training ansprechen.

Chester war ein ungezogener Hund. Wenn jemand zu Besuch kam, rannte er hin, sprang ihn an und schnappte nach ihm. Seine Besitzer wussten sich nicht mehr zu helfen. Als ich zu einer Beratung kam, schenkte ich Chesters schlechtem Benehmen keine große Aufmerksamkeit. Stattdessen bekam er eine gute Dosis Verhaltenstraining und lernte schnell, dass er sich hinsetzen musste, um Aufmerksamkeit zu erlangen.

Seine Besitzerin Nancy sagte: »Ich kann gar nicht glauben, wie schnell er begriffen hat, was Sie von ihm wollten!« So wie alle neuen Schüler testen auch Tiere beim Unterricht die Grenzen aus. Manchmal vergessen sie einfach alles und kehren zu ihrem eingefahrenen Verhalten zurück. Chester stellte da keine Ausnahme dar. Zuerst bereitete er mir Schwierigkeiten, aber dann machte er alles wieder gut. Ich vergab ihm genauso schnell, wie er mir die Korrektur seines schlechten Betragens vergeben hatte. Nancy verstand das nicht, sie fragte mich: »Wieso loben Sie ihn so schnell?«

Chester hatte sein Verhalten sofort angepasst, nachdem er eine verbale Korrektur erhalten hatte – deshalb wurde er gelobt. Das nennt man »im Jetzt sein«. Was wirklich zählte, war seine korrekte Entscheidung und sein Verhalten in diesem Augenblick: Er entschied sich für rechtes Verhalten statt für unakzeptables Betragen.

Als Chester die Grenzen austestete, fiel sein Verhalten extremer aus, und ebenso meine Korrekturen. Die Hunde-Etikette schreibt bei solchen Übertretungen vor, dass Hunde durch Lecken Wiedergutmachung leisten. Ich ließ es zu und akzeptierte so seine Entschuldigung. Wir vergaben einander alle Fehler und fanden sofort zu Harmonie und gegenseitigem Verstehen. Tiere lehren uns, im gegenwärtigen Moment zu sein – dem einzigen Moment, den es gibt.

Eine Löwin führt, lehrt und beschützt ihre Jungen. Auch wenn sie eines ihrer Jungen für eine Überschreitung zurechtweist, vergibt sie ihm doch schnell und hält keinen Groll zurück. Sie sieht zu, wie ihr Nachwuchs mit den Lektionen des Lebens kämpft. Solche Lernerfahrungen formen die Jungen und sichern ihr Überleben. Die Löwin weiß, dass Schulung für ihr Wachstum und ihren Erfolg im Leben notwendig ist. Sie greift nur selten ein, erfüllt aber die Bedürfnisse der Jungen. Ganz egal, was sie tun oder wie sie sich äußern, die Mutter ist immer in ihrer Nähe, gibt unermüdlich Beistand. Die Art und Weise, wie sich die Löwin gegenüber ihrem Nachwuchs verhält, ist ein Spiegel dafür, wie wir unsere Beziehungen gestalten sollten, und ähnelt unserer Beziehung zum Göttlichen.

Tiere können uns Vorbilder dafür sein, wie man sich friedlich durch das Leben bewegt. Sie sparen ihre Energie auf für Dinge, die ihnen wirklich wichtig sind. Der afrikanische Löwe verbringt einen Großteil seiner Zeit schlafend. Die restliche Zeit widmet er der Jagd oder den Interaktionen im Rudel. Der Löwe erinnert uns daran, unsere Aufmerksamkeit auf unsere Beziehungen, unsere Freunde und Familie zu richten. Darüber hinaus lebt er uns vor, wonach wir streben müssen – gelassen zu sein, statt uns um die äußeren Umstände zu sorgen und um Dinge, die außerhalb unserer Kontrolle liegen.

Auseinandersetzungen wagen und vergeben

Die Löwin scheut sich nicht andere Tiere anzugreifen, die sie an Gewicht übertreffen. Sie weiß, wenn sie mit einer überwältigenden Situation konfrontiert ist, dass andere Mitglieder ihrer Gruppe ihr zur Hilfe kommen. Sie arbeiten zum Wohle des Rudels zusammen oder wählen einfach eine andere Strategie. Manchmal ziehen sie weiter und finden eine andere Beute.

Wenn wir mit erdrückenden Problemen konfrontiert sind, können wir lernen, dieselbe Haltung einzunehmen wie die Löwin. Wir können uns zurücklehnen und die Situation objektiv betrachten oder uns bei unseren Vertrauten Rat holen. Ihr unvoreingenommener Blick kann uns helfen, neue Ansätze zur Problemlösung zu finden. Manchmal merken wir gar nicht, dass wir einfach loslassen und weitergehen können.

Obwohl der Löwe es vorzieht, einen Kampf zu vermeiden, wird er sich seinem Feind und seinen Ängsten mutig stellen. Er weiß, dass es manchmal notwendig ist Stellung zu beziehen, um sich selbst, sein Territorium oder das Rudel von Löwen, das er als seine Familie ansieht, zu beschützen. Trotzdem ist er sehr vorsichtig damit, eine Auseinandersetzung zu provozieren.

Auch wir müssen lernen, unsere Kämpfe sorgfältig abzuwägen. Manche Situationen erfordern es, dass wir Stellung beziehen und unseren Herausforderern Auge in Auge gegenübertreten. Unsere größten Dämonen jedoch sind die, denen wir nicht ins Auge zu blicken wagen. Wenn wir näher herangehen und sie aus einer neuen Perspektive betrachten, sind sie am Ende vielleicht gar nicht so überwältigend, wie wir dachten. Es spielt keine Rolle, ob unsere Anfechtungen von einem anderen Menschen oder einem inneren Kampf ausgehen: Wenn wir uns unseren Widersachern stellen, ziehen diese sich unter unserer gesammelten Aufmerksamkeit zurück. Ein riesiges Hindernis oder Problem erweist sich dann oft als leicht zu bewältigen.

Wird ein Löwe in einem Kampf verletzt, zieht er sich zurück, um seine Wunden zu lecken – wenn die Auseinandersetzung aber einmal vorbei ist, wird keine weitere Energie mehr darauf verschwendet. Die Angehörigen des Rudels reiben zur Begrüßung die Köpfe aneinander, die gemeinsamen Jagdbemühungen sorgen für ein Festmahl, und das Leben geht weiter. Wenn wir uns doch auch so schnell von unseren Schlachten und Verletzungen erholen würden!

Auch wir brauchen nach einem Zusammenstoß Zeit, um unsere Wunden zu lecken und uns über unsere Prioritäten und Gefühle klar zu werden. Wenn wir uns ungerecht behandelt fühlen oder glauben, einen anderen Menschen verletzt zu haben, können wir nichts Besseres tun als zu vergeben. Die Vergebung muss sowohl uns selbst einschließen, unsere eigenen Entscheidungen und Handlungen, als auch das Objekt unserer Feindseligkeit. Wenn wir nicht weitergehen, leiden wir unnötig. Ein anschauliches Beispiel dafür bietet folgende Episode, bei der ein Löwe sich in seine Emotionen verrannte.

Der afrikanische Löwe war ein wunderschönes Exemplar. Er hatte große goldene Augen und eine bernsteinfarbene Mähne. Da er im besten Mannesalter war, flossen große Mengen von Testosteron durch seine Adern. Ich wusste, dass sich etwas zusammenbraute, als Champ den Pfad heruntergestapft kam wie ein großer Raufbold auf dem Kriegspfad. Seine Trainer waren unachtsam, ich konnte ihm ansehen, dass er schlechte Laune hatte. Er suchte Streit, und wir standen ihm direkt im Weg.

Schnell begann ich die Gruppe von Studenten, die ich betreute, in die leeren Käfige um mich herum zu verteilen. Ich nahm an, dass Champ Simba herausfordern wollte, den anderen männlichen Löwen, der gerade von einer langen Filmaufnahme zurückgekehrt war. Durch eine Fehlentscheidung war Champ verlegt worden und Simba besetzte nun Champs Gehege. Ich hielt vergeblich Ausschau nach irgendetwas, das ich als Sichtbarriere vor Simbas Käfig platzieren konnte, aber es war bereits zu spät.

Fünfhundert Pfund wildes Tier zerrten seinen Trainer die Straße hinunter zu Simba. Obwohl der Käfig die Löwen davon abhielt, voll aufeinander loszugehen, war die Auseinandersetzung heftig. Als der Trainer hinzutrat um zu intervenieren, folgte Champ seiner Kette, packte ihn und warf ihn in die Luft wie eine Stoffpuppe. Zum Glück stand der Trainer nicht im Brennpunkt der Attacke und Champ wandte sich wieder Simba zu, um seinen Streit mit ihm auszutragen.

Schließlich gelang es uns, einen Lastwagen zwischen den Löwen und den verletzten Trainer zu platzieren. Wir brachten ihn eilends ins Krankenhaus, wo uns die Ärzte versicherten, dass er überleben würde, da Champ durch einen seltsamen Glücksfall kein lebenswichtiges Organ erwischt hatte. Die Studenten waren aufgewühlt, aber in Sicherheit. Champ konnte schließlich gebändigt werden, aber seine Feindseligkeit blieb.

Der Löwe zeigte jedem die Zähne und unternahm keinen wirklichen Versuch mehr, freundlich zu sein; er kehrte nie mehr zu seinem in Wirklichkeit liebevollen Wesen zurück. Champ löste sein territoriales Problem nicht, seine Stimmung wurde mit der Zeit immer schlechter. Traurig verfolgte ich, wie sein psychischer Zustand sich zunehmend verschlimmerte. Er blieb in seinem Käfig eingesperrt, da der Umgang mit ihm nicht mehr sicher war. Ein gutes Beispiel dafür, was geschehen kann, wenn man Ärger und Groll in sich ansammelt. Champs Verbitterung fraß ihn innerlich auf, sie machte ihn psychisch krank.

Emotionen sind mächtig. Wenn wir Ärger, Groll oder Eifersucht hegen, fühlen wir die Kraft dieser Emotionen – normalerweise ist sie aber nicht konstruktiv. Solche Gefühle müssen aufgelöst werden, bevor sie anfangen zu gären und uns größere Probleme zu bereiten. Die Unfähigkeit zu vergeben und negative Gefühle loszulassen hält uns nur davon ab, ein Gleichgewicht zu finden und in unserem Herzen zu ruhen. Unsere Entscheidungen werden vernünftiger und erfolgreicher sein, wenn wir Mitgefühl und Vergebung kultivieren. Manche Tiere sind uns dabei großartige Vorbilder.

Anfang der 1990er-Jahre stellte mir ein befreundeter Psychologe seine Theorie vor, Hunde seien Engel, die auf die Erde geschickt wurden, um uns bedingungslose Liebe zu lehren. Schließlich hieße DOG (Hund) rückwärts buchstabiert GOD (Gott). Ich lachte darüber, widersprach ihm aber nicht. Die Fähigkeit von Hunden, Menschen grenzenlose Liebe zu schenken, ist erstaunlich. Hunde begrüßen jeden voller Begeisterung. Sie sehen das Beste in einem und drücken es unter Einsatz ihres ganzen Körpers aus. Wenn sie ihren Gefährten begrüßen, rennen sie oft überschwänglich auf ihn zu, drehen sich im Kreis und bellen manchmal vor Aufregung. Ganz gleich wie Herrchen oder Frauchen auch sein mag, ein Hund liebt ihn oder sie von ganzem Herzen. Sein Verhalten drückt bedingungslose Liebe aus, und er staut keinen Ärger in sich an. Hunde vergeben und vergessen schnell.

Menschen sind mehr darauf bedacht, ihre Gefühle zu schützen. Manche Hunde und auch andere Tiere verspüren ebenfalls dieses Bedürfnis. Tiere, die im Laufe ihres Lebens wiederholt verlassen oder misshandelt wurden, beginnen häufig, sich selbst zu schützen: Sie ziehen sich zurück oder legen aggressive Verhaltensweisen an den Tag, um Fremde fern zu halten. Das ist gegen die wahre Natur eines Tieres und trägt nur zu Einsamkeit und Isolation bei. Alte emotionale Wunden müssen verheilen, damit ein Tier wirklich funktionieren kann. Das gilt genauso für den Menschen.

Ich begegnete Peter das erste Mal in einem mexikanischen Imbiss in den Bergen von Südkalifornien. Er war durch seine Verletzungen, die er bei mehrfachen Flugzeugunglücken erlitten hatte, an den Rollstuhl gefesselt und litt unter ständigen Schmerzen. Die Folge war, dass er sich selbst in seinem Haus einschloss und begann, viel zu trinken. Die Kombination von Schmerztabletten und Alkohol linderte zwar seinen körperlichen Schmerz, heilte aber nicht seine emotionalen Wunden. Er ging nicht viel aus und entwickelte sich immer mehr zum Einsiedler. Als die Welt ihm am finstersten erschien, fasste er den Entschluss, sich einen jungen Hund zuzulegen.

Ich war ihm behilflich, als er auf einer öffentlichen Veranstaltung umherrollte, begleitet von seinem jungen Labradorwelpen. Eine Vielzahl von Menschen, vor allem Frauen, strömten herbei und scharten sich um ihn. Später machte ich die scherzhafte Bemerkung, junge Hunde seien eine gute Masche, um Frauen kennen zu lernen. Er lachte und sagte: »Mensch, wenn ich das früher gewusst hätte, hätte ich mir schon längst ein Hündchen zugelegt!« Sobald Tiere ins Spiel kommen, verändert sich unsere Wahrnehmung. Menschen werden zugänglicher mit einem Tier als »Schutzschild«. Fremde nähern sich Menschen mit Tieren ohne zu zögern. In der Gegenwart eines Tieres fühlen sich Menschen weniger verletzlich und weniger aufdringlich. Sie spüren sich durch ein gemeinsames Interesse mit dem Besitzer des Tieres verbunden.

Wenn wir unser Gleichgewicht auf dieser Sprosse der Leiter gefunden haben, werden wir instinktiv neugieriger – weil wir Liebe erfahren, Liebe erwarten und uns sicher fühlen. Wenn wir uns sicher fühlen, gehen wir liebevoller und mitfühlender miteinander um und wenden uns leidenschaftlicher dem Leben und anderen Menschen zu.

Mitgefühl ist etwas anderes als Sympathie. Wenn wir mitfühlend sind, tun wir, was nötig ist, um anderen beizustehen. Manchmal ist nichts weiter nötig als unsere Gegenwart. Ein andermal können wir vielleicht durch Besorgungen helfen, mit einer Mahlzeit oder auch mit körperlicher Nähe. Tiere wissen intuitiv, was gerade zu tun ist. Therapietiere sind bekannt für ihre Fähigkeit, ihr Verhalten genau auf den Patienten abzustimmen, den sie gerade besuchen.

Fox war ein großer brauner Hund, der mit den Nachbarskindern herumtollte und liebend gerne mit seiner Familie spazieren ging. Weil er so ein gut erzogenes Tier war, verdiente er sich mit Leichtigkeit seinen »Good Citizen Award« (Auszeichnung als »Guter Bürger«). Hunde erhalten dieses Zertifikat vom American Kennel Club, wenn sie in einer Prüfung bestimmte Verhaltensweisen unter Beweis stellen. Bald darauf suchten seine Besitzer nach neuen Herausforderungen für ihn und wurden in das Tiertherapieprogramm eines örtlichen Krankenhauses aufgenommen.

Fox blühte auf bei so viel Aufmerksamkeit. Den älteren Patienten wandte er sich ganz ruhig zu, während er bei seinen jüngeren Schützlingen enthusiastisch mit dem Schwanz wedelte. Manchmal änderte er auch sein Verhalten und legte sich nur ruhig einem Patienten zu Füßen oder in die Nähe des Bettes. In all diesen Fällen handelte es sich um Patienten, die sich von einem Rückfall erholten oder gerade in eine kritische Phase eintraten. Fox' Gegenwart brachte seinen Schützlingen stets Freude und Glück und etwas Neues, worüber sie reden konnten. Mit seinen Eskapaden zauberte er ein Lächeln auf die Gesichter von Mitarbeitern und Patienten.

Lebendigkeit und Liebe ausdrücken

Berglöwen sind von Natur aus neugierig und verspielt. Als ich in Nordkalifornien lebte, war es nicht ungewöhnlich, dass Pumas Wanderer verfolgten, um ihre Aktivitäten zu beobachten. Im Trainingsgehege stürmten sie aufgeregt herbei, um den Trainer zu begrüßen. Die heranwachsenden Katzen stürzten sich auf jeden Neuling, der ihren Käfig betrat. Sie liebten es auch, in die Luft zu springen und wie ein Propellerflügel herumzuwirbeln, während sich der Trainer am Ende der Leine festklammerte. Ohne jeden Vorbehalt brachten sie ihre übersprudelnde Lebendigkeit zum Ausdruck.

Unsere Gefühle und Einstellungen können von einem Extrem ins andere wechseln und das Ziel besteht darin, ins Gleichgewicht zu finden. Tiere leben die ganze Reichweite dieses Pendelschwungs. Berglöwen können zwar extrem gefährlich, aber auch unglaublich liebevoll sein. Wenn ein in Gefangenschaft lebender Puma sich sicher fühlt und Sie als Teil der Familie betrachtet, zwitschert er Ihnen zu wie ein Vogel – ein Begrüßungslaut, der benutzt wird, um Familienmitglieder zu rufen. In Ihrer Familie oder bei Ihren Haustieren können Sie vielleicht Ähnliches beobachten. Manche Menschen werden verbal oder sogar körperlich ausfällig, wenn sie sich in der Defensive fühlen. Aber zu Hause in einer sicheren Umgebung macht dieses Verhalten oft einer spielerischen und liebevollen Kommunikation Platz.

Vielleicht hören Sie Ihren Partner oder Ihre Kinder zufrieden schnurren, wenn Sie sich auf der Couch zusammenkuscheln. Berglöwen können ebenfalls schnurren. Dieses Schnurren ist sehr laut und durchdringt die gesamte Umgebung. Wenn Sie den Puma berühren oder er sich an Sie anlehnt, erfüllt diese Vibration Ihr ganzes Wesen. Wenn Sie in Ihrem Herzen zentriert sind, können Sie Ihre Liebe auf ähnliche Weise ausdrücken. Sie sprudelt in Ihnen hoch bis sie überströmt, um diejenigen zu berühren, die Ihnen nahe sind, und breitet sich weiter auf Ihre Umgebung aus.

Gewöhnlich bringen wir diese Energie zum Ausdruck, indem wir das tun, was wir lieben, zum Beispiel indem wir mit unserer Familie und unseren Freunden spielen. Vielleicht lassen wir sie auch einem größeren Kreis zukommen, indem wir uns für wohltätige Zwecke engagieren und mit Menschen zusammenarbeiten, mit denen uns gleiche Interessen verbinden. Auf jeden Fall sind wir, wenn wir uns durch die Lektionen der vierten Stufe hindurchgearbeitet haben, bereit die fünfte Stufe der spirituellen Leiter zu erklimmen.

5. Der Ruf des Wolfes

*Von Gefühlsausdruck
und Hingabe*

Ein einsames Heulen ertönte im Gehege. Zuerst stimmten die anderen Wölfe mit ein, dann die Kojoten und schließlich ein ganzer Chor von Tieren. Löwen, Tiger, Affen und Schimpansen antworteten dem Ruf des Wolfes in einer wilden Symphonie, die zu einem Crescendo anschwoll, um dann allmählich wieder abzuklingen. Ich habe im Laufe meines Lebens viele solcher von Wölfen orchestrierten Konzerte erlebt. Etwas am Ruf des Wolfes berührt eine Saite tief in mir. Wenn der Chor der Tiere einsetzt, halte ich inne in dem, was ich gerade tue. Manchmal schließe ich mich auch an und heule mit.

Mythen und Märchen über Wölfe haben Furcht und Hass in den Herzen der Menschen geweckt und so sind viele Legenden entstanden und überliefert worden. Doch trotz der Feindseligkeit, die ihm vonseiten der Menschheit lange Zeit entgegengebracht wurde, wurde der Wolf schließlich zum Symbol unserer wandelbaren, aber unzerstörbaren Verbindung zur Wildnis. Falsche Anschuldigungen wurden leiser, die Verfolgung der Wölfe wurde eingestellt und an ihre Stelle traten Respekt und Achtung vor ihrem vorbildlichen Familienleben und ihrer Fähigkeit zu komplexer Kommunikation.

Der Wolf dient uns als Beispiel für das Überleben in der Wildnis. Wenn ein Wolf einsam ist, ruft er nach den anderen. Das Wolfsrudel hält als fester Familienverband zusammen – mit enger Paarbindung, die ein Leben lang oder bis zum Tod eines Partners anhält. Hierarchische Regeln legen die Rollen innerhalb des Familienverbandes fest. Wölfe arbeiten zusammen zum Wohle der Gruppe, sie kümmern sich gemeinsam um die Fütterung und Aufzucht der Welpen, teilen sich Babysitterpflichten und kooperieren bei der Jagd. Ausgewachsene Wölfe verzichten zugunsten ihrer Jungen sogar auf ihre Nahrung.

Wölfe sind bekannt für ihr durchdringendes Geheul, aber sie haben noch viele andere Arten, miteinander zu kommunizieren. Sie bellen, knurren, winseln, schreien und teilen sich über Haltung und Körpersprache mit. Wölfe haben verschiedene Ausdrucksgebärden. Es gibt weniger intensive Drohstellungen, bei denen das Tier sich versteift und auf die Zehen stellt, und verschärfte Warnungen mit intensivem Anstarren und einer Art zähnefletschendem Grinsen. Zu den einladenden Gesten gehören der sanfte Blick, das Lächeln mit offenem Maul und die Aufforderung zum Spiel durch Ducken und lebhaftes Springen. Der Wolf ist in seiner Kommunikation stets klar und direkt.

Der Ausdruck »Du benimmst dich wie ein Tier« ist zwar nicht als Kompliment gemeint, könnte aber durchaus eines sein, da Tiere aufrichtig miteinander kommunizieren, gut zuhören, dem anderen ihre volle Aufmerksamkeit schenken, nicht urteilen und offen sind für alles, was ihnen begegnet. Wenn wir auf der fünften Stufe unserer spirituellen Entwicklung offen sind, lernen wir etwas über Aufrichtigkeit, Ehrlichkeit, Hingabe und die Macht der Worte.

Nach innen statt nach außen hören

Menschen werden mit Außenreizen bombardiert. Die meisten Leute sind sich des Lärmpegels, der sie umgibt, gar nicht bewusst. Wenn wir nach außen gerichtet leben, nehmen wir weder den Verkehrslärm wahr noch das Summen der elektrischen Leitungen und der elektronischen Geräte um uns herum, nicht einmal die Kinder. Dieses Abgeschnittensein von der Umgebung trägt dazu bei, dass viele Menschen Tiere nicht mehr verstehen. Wir müssen wieder lernen, uns zu verbinden und uns auf die wahre Botschaft einzustimmen. Selbst Halter von Haustieren erreichen kein angemessenes oder kooperatives Verhalten ihrer

Tiere, da sie deren Signale nicht mitbekommen – deshalb sind Tiertrainingskurse so beliebt. Die Menschen hören oder sehen nicht, was Tiere ihnen mitteilen, das machen die Millionen Hundebisse pro Jahr deutlich.

Zum Beispiel gehen Menschen fälschlicherweise davon aus, dass ein Hund, der mit dem Schwanz wedelt, freundlich gestimmt ist. Wenn sie genau beobachteten, würden sie vielleicht anfangen, die Unterschiede zwischen einem freundlichen und einem unfreundlichen Hund zu bemerken. Ein Hund, der sich mit angespanntem Körper auf die Zehen stellt und den Schwanz steif nach oben richtet, ist definitiv nicht freundlich gesinnt. Ein Hund mit entspanntem Körper, lockeren Bewegungen, einem glücklich hechelnden Gesicht und einem hin und her oder im Kreis wedelnden Schwanz ergibt dagegen mit Sicherheit ein ganz anderes Bild.

Mein beliebtester Lehrgang ist ein Kurs, worin ich den Leuten beibringe, Tierverhalten zu enträtseln. Ich gebe ihnen die nötigen Werkzeuge an die Hand, um ihre Beziehung zu den Tieren zu vertiefen und ihre Lieblinge verstehen zu lernen. Es sind ähnliche Anweisungen wie die, die Sie in Kapitel 8 finden. Menschen, die die im Kurs erlernten Strategien anwenden, bemerken, dass diese ihnen nicht nur beim Umgang mit ihren Haustieren, sondern auch im Kontakt mit anderen Lebewesen zugute kommen.

Hin und wieder kommt ein Tier zu mir ins »Trainingslager«. Dabei handelt es sich um einen Kurs, den Tiere besuchen, um eine Zeit lang bei mir zu leben und sich einer intensiven Verhaltensmodifikation zu unterziehen. Zu diesen Tieren gehörte beispielsweise ein Dalmatiner, der extrem stürmisch war, nie still halten konnte und ständig winselte, aber auch Hunde, die durch Beißen, Graben oder unpassende Ausscheidungen Schaden anrichten.

Nach ihrer Ankunft erhalten diese Tiere vierundzwanzig Stunden lang eine Intensivtherapie. Sie umfasst die Sozialisierung in Bezug auf andere Tiere und Menschen, ein grundlegendes Gehorsamstraining und eine Schulung in angemessenem Umgang mit einer Vielzahl von Umgebungen und Situationen.

Zu meinen erfreulichsten Begegnungen zählte die Schulung eines Bassets. Jagdhunde sind sehr spezielle Tiere: Sie werden auf bestimmte Eigenschaften hin gezüchtet, deshalb besitzen sie einen starken Willen und sind sehr zielgerichtet. Sie können auch ein bisschen dickköpfig sein. Gwen war ein solches Tier und ihre Besitzer beschwerten sich über sie. Sie beteuerten, ihr anderer Basset sei ein Juwel. In der Hauptsache ging es ihnen um ein Haustraining für Gwen, die nicht zu kontrollieren war und ihnen nie mitteilte, wann sie hinaus musste. So kam Gwen zu mir ins Trainingslager.

Gwen war ein wunderschönes Geschöpf mit großen, sanften braunen Augen und schwarzen und lohfarbenen Flecken auf weißem Fell. Als Gwen und mein Hund aufeinander trafen, heckten sie gleich eine Reihe von Schandtaten aus. Beide gingen nun gemeinsam ihren »kriminellen Neigungen« nach. Man stelle sich vor, wie überrascht ich war, als Gwen eine halbe Stunde nach ihrem Eintreffen zu mir kam und mich bat, sie aus dem Haus zu lassen, damit sie ihr Geschäft erledigen konnte. Sie hatte andere Probleme, aber ihre Bedürfnisse mitzuteilen gehörte nicht dazu.

Als ich mit den Besitzern darüber sprach, bestritten sie dies ungläubig und baten mich, mit meiner Arbeit fortzufahren. Gwen verbrachte eine tolle Zeit mit ihren neuen Menschen- und Tierfreunden. Sie genoss die Abenteuer in den Wäldern, beim Kontakt mit anderen Hunden, in der Schule und bei der Fellpflege. Ihre Besitzer zeigten jedoch keinerlei Interesse an den Veränderungen in ihrem Verhalten. Es war ganz klar, dass sie nicht mit dem Tier kommunizierten – und dies auch gar nicht wollten. Sie bezahlten zwar ihren Unterricht, wollten Gwen aber nicht länger behalten. Obwohl es mir schwer fiel zu glauben, dass die Besitzer kein Interesse mehr an ihr hatten, telefonierte ich mit dem Tierschutz. Zum Glück kehrte Gwen nicht in ihr altes Heim zurück – sie wurde von der Tiervermittlung aufgenommen und fand Basset-Liebhaber, bei denen sie leben konnte. Als Gwen fortging, war sie ein anderer Hund: ruhig, gehorsam und mit dem Wissen ausgestattet, wie man noch klarer mit unzugänglichen Menschen kommuniziert.

Wenn Menschen einen Schritt zurücktreten um Tiere zu beobachten, entdecken sie, dass sich ihnen eine völlig neue Welt öffnet. Alles was sie dazu brauchen, ist die Fähigkeit zuzuhören, allerdings nicht nur mit den Ohren. Aufmerksame Menschen können viel von Tieren lernen, wenn sie deren Bewegung, Haltung und die subtilen Hinweise ihrer Körpersprache aufnehmen.

Hunde sind geeignete Tiere, um damit anzufangen, denn sie sind an vielen Orten zu beobachten. Man kann in einen Park gehen, einen Spaziergang durch die Nachbarschaft machen, eine Hundeschau oder Hundeschule aufsuchen oder die Freundin besuchen. Genau wie wir sind Hunde gesellige Wesen, daher spielen die feinen Nuancen im Sozialverhalten bei ihnen eine wichtige Rolle, um miteinander auszukommen und den Frieden untereinander zu wahren.

Hunde haben verschiedene Rituale für die Begrüßung. Darunter gibt es direkte und indirekte Formen der Annäherung. Die Haltung, die der Hund einnimmt, und sein Schnüffeln lassen erkennen, ob eine Begegnung freundlich oder feindselig verläuft. Gegenseitiges Beschnüffeln und Anstupsen mit der Schnauze kann sowohl Einleitung zum Spiel sein als auch Anstiftung zum spannungsgeladenen Austausch.

Katzen sind für die meisten Menschen schwieriger einzuschätzen. Wenn man nicht aufmerksam ist, kann aus kleinsten Veränderungen in der Körperspannung, einer Erweiterung der Augen oder einem Schwanzzucken schnell ein warnender Tatzenhieb oder Biss werden. Wer ihnen zuschaut, kann in kurzer Zeit viele Informationen sammeln, da Katzen im Spiel und bei anderen Begegnungen vielfältige Verhaltensweisen an den Tag legen.

Sich der göttlichen Energie anvertrauen

Tiere vermitteln uns die wichtige Idee bereitwilliger Hingabe. Als ich mich weigerte, den Teilnehmern meiner Kurse die Benutzung von Würgehalsbändern zu erlauben, wussten viele von ihnen nicht, wie sie es ohne diese schaffen sollten. Würgehalsbänder zu verwenden ist eine Trainingsmethode alter Schule, die heute immer noch sehr verbreitet ist. Ich ziehe es vor, beim Training andere Hilfsmittel und Techniken einzusetzen, die für das Tier angenehmer und für den Laien leichter zu beherrschen sind. Mit ihnen braucht man manchmal etwas mehr Zeit, um zum gleichen Resultat zu kommen, dafür gewinnt das Tier eine bessere Einstellung.

Wenn man einen Hund zwingt, die »Sitz«-Position einzunehmen, erreicht man vielleicht das richtige Verhalten, aber die Energie dahinter ist Resignation: »Na gut, ich mach es. Jetzt gib mir die Belohnung und verschwinde!« Oder: »Au, ich tu es ja, dann hab ich es hinter mir – aber Spaß macht mir das nicht!« Setzt sich der Hund hingegen, weil er es von sich aus gelernt hat oder weil er sich menschlicher Führung beugt, dann ist die Energie hinter seinem Verhalten eine andere: »Ich werde tun, was immer du wünschst!« Auf diese Energie zu achten ist wichtig, denn den gleichen Wechsel in der Energie erleben wir, wenn wir von der Durchsetzung unseres persönlichen Willens hin zum Eintauchen in den göttlichen Willen gelangen.

Haben Sie je von der »dunklen Nacht der Seele« gehört? Ich kann Ihnen versichern, dass ich sie kenne. Ich erinnere mich noch, dass ich den Himmel anrief: »Hörst du nicht, was ich sage? Mehr ertrage ich nicht!« Damals war ich der Meinung, ich hätte mich ergeben, aber die wirkliche Akzeptanz erfolgte erst viel später. Nach einem Wutanfall, gefolgt von einer inständigen Bitte um Heilung, veränderte sich meine Energie auf auffällige Weise. Ich fühlte, wie Wut und Qual von mir wichen und an ihrer Stelle Frieden und Ruhe einkehrten. Bis dahin war ich in alten Verhaltensweisen gefangen gewesen und hatte getan, was ich für richtig hielt. Als ich aufgab und einfach akzeptierte was war, wurde alles anders.

Tiere in Trainingskursen tun das Gleiche, aber in sehr viel kürzerer Zeit. Sie erfassen auf Anhieb, worum es geht. Ich hätte ihrem Beispiel schon vor Jahren Aufmerksamkeit schenken sollen – sicher habe ich es vorher schon wahrgenommen, ohne jedoch bereit zu sein, diese Lektion auf mich selbst zu beziehen. Hätte ich früher klar gesehen, dann hätte ich mir viel Kummer ersparen können. Mein Leben sollte damals eine neue Richtung einschlagen, aber statt mit dem Fluss zu gehen, kämpfte ich um das, was ich glaubte tun zu müssen, und übersah hartnäckig sämtliche Hinweise. Wenn ich darauf geachtet hätte, was meine klugen Hunde mir vorlebten, dann hätte ich die Lektion vielleicht in acht Wochen statt in acht Monaten bewältigen können. Nachdem ich mich der göttlichen Strömung einmal geöffnet hatte, änderte sich mein Leben über Nacht. Es gab zwar immer noch ein paar Dinge, die mir nicht gefielen, aber es wurde definitiv leichter.

Veränderungen willkommen heißen

Das Leben wendet sich zum Besseren, sobald wir unseren Widerstand und unsere Negativhaltung aufgeben. Aus negativen Einstellungen erwächst eine Lektion nach der anderen, bis wir lernen, positive Entscheidungen zu treffen. Auch Tiere leisten Widerstand, aber sie bleiben in Berührung mit dem, was das Leben harmonisch macht. Beim Abrichten eines Haustiers wird das Tier erst einige schlechte Entscheidungen treffen und daraus lernen, sobald es aber die Entscheidung getroffen hat, sich richtig zu verhalten, ist die Botschaft bei ihm angekommen. Gelegentlich drückt ein Tier immer wieder auf den gleichen Knopf, um sich einer Sache wirklich sicher zu sein.

Mein Lieblingsbeispiel hierfür ist Sammy, ein Hund, der lernen sollte, keine Menschen mehr anzuspringen. Während seines Unterrichts testete er sämtliche Möglichkeiten. Nachdem ich sein Springen ignoriert und anschließend korrigiert hatte, hielt Jesse verwirrt inne und hob seinen Kopf – man merkte, wie es in ihm arbeitete. Dann vollführte er vor seiner Besitzerin einige Sprünge in der Luft. Als nächstes sprang er auf sie zu, wieder zurück und nochmals auf sie zu.

Dann sprang er hoch und berührte beim Herunterkommen ihr Bein mit seiner Pfote. Beim nächsten Mal berührte er mit den Pfoten den Tisch in ihrer Nähe. Später sprang er jedes Mal, wenn er sich nicht zurückhalten konnte, vor seiner Besitzerin auf und ab. Das war zwar etwas komisch, aber er sprang weder sie noch irgendjemand anderen mehr an. Menschen legen diese Art von Verhalten ständig an den Tag. Kennen Sie das: Sie klicken mit der Computer-Maus irgendwo hin und bei ausbleibender Reaktion klicken Sie immer wieder neu? So ähnlich machen wir es auch in unserem Leben.

Auf das Unausgesprochene achten

Das Zuhören gehört zu den Künsten, die in der modernen Gesellschaft in Vergessenheit geraten sind. Tiere dagegen sind aufmerksam, ihnen entgeht nicht viel. Haustiere schenken uns Beachtung, auch wenn wir glauben, dass sie es nicht tun. Wenn ein Mensch emotional in schlechter Verfassung ist, nutzen Tiere ihre Intuition, um ihm zuzuhören, in seiner Nähe zu sitzen, einfach im Raum zu sein oder sich lustig aufzuführen, um ihn zum Lachen zu bringen. Sie sind vollkommen präsent und offen.

Es gibt Tiere, die sehr schlau oder sehr sensibel, aber nicht zu kontrollieren sind. Clyde war ein solcher Hund, es war schrecklich mit ihm. Er war so ungezogen, dass seine Besitzer ihn nicht länger behalten wollten. Unglücklicherweise setzten sie ihn in den Bergen aus, wo er aus eigener Kraft überleben musste. Er wurde zwar gerettet, aber zu diesem Zeitpunkt war er schon ausgesprochen willensstark und hatte es faustdick hinter den Ohren. In seinem neuen Zuhause begann er sofort die anderen Haustiere der Familie zu terrorisieren und die Wohnung zu zerstören. Als der Hilferuf mich erreichte, hatte ich nicht die Absicht den Hund zu behalten. Aber nach drei weiteren Versuchen ihn unterzubringen, musste ich ihn vor einem Leben an der Kette in einem verwahrlosten Hinterhof retten. Er war emotional so verwirrt, dass er aus Angst Dinge zerbiss, sobald man ihn auch nur eine Minute lang alleine ließ. So begann unsere Freundschaft, die dreizehn Jahre dauern sollte.

Clyde entwickelte sich unter meiner Führung zu einem verlässlichen, loyalen und weisen Gefährten, so wie ich mich auch unter der seinen entwickelte. Er half mir, andere Hunde zu gegenseitiger Toleranz zu erziehen, er duldete freundlich, dass ängstliche Kinder und Erwachsene sich ihm näherten und klärte voller Enthusiasmus jeden darüber auf, wie fantastisch große Hunde sind. Er besaß ein großes »Vokabular« und konnte sich auf subtile Weise mitteilen – er wusste immer, was ich brauchte, auch wenn ich mir selbst nicht ganz sicher war.

Wenn ich weinte, zu ernst wurde oder mich in übertriebenem Maße auf ein Projekt konzentrierte, hatte Clyde das Gefühl, dass ein wenig Frivolität vonnöten sei. Dann versuchte der über hundert Pfund schwere Hund mit mir zu flirten: Er machte eine spielerische Verbeugung, die er mit einem Knurren unterstrich, damit ich sie auch ja mitbekam. Wenn ich ihn ignorierte oder ihm erklärte, dass ich beschäftigt sei, packte er sich ein kleines Plüschtier und tobte damit durch das Zimmer, wobei er auf dem Spielzeug herumkaute und es hin und wieder in die Luft schleuderte. Er warf es mir in den Schoß oder stupste mich damit an, und in äußersten Notfällen ließ er sich auf den Rücken fallen, um wie wild mit den Beinen zu strampeln, während er das Spielzeug zwischen Vorderpfoten und Maul hin und her jonglierte. Wie konnte ich da widerstehen?

Wenn ich zu viel arbeitete, brachte Clyde mich dazu, mich zu bewegen. Wir liefen manchmal stundenlang und ich hörte nie auf, seine überschäumende Lust am Leben und an den einfachsten Freuden zu bewundern, wie zum Beispiel meine Gesellschaft oder die Aufregung, ein Eichhörnchen durch die Wälder zu jagen. Oft brachte er mir als Geschenk den größten Stein, den er vom Grund des Sees mit nach oben bringen konnte. Wenn er bemerkte, dass ich aufgewühlt war, legte er sich neben mich, sodass ich in sein Fell schluchzen konnte. Clyde hörte mir immer von ganzem Herzen zu, er akzeptierte meine Nächsten und mich ohne zu urteilen. Sein glückliches Gesicht und sein freundliches Wesen waren immer da, wenn ich sie brauchte. Er schenkte mir wahre Freude.

Wenn Menschen am verletzlichsten sind, wenden sie sich ihren Haustieren zu. Sie weinen in ihr Fell, schmiegen sich eng an ihren Körper, gehen mit ihnen hinaus und vertrauen ihre tiefsten, dunkelsten Geheimnisse, Ängste und Sünden diesen weichen, pelzigen Ohren an. Es ist wirklich erstaunlich, aber ihre Tiere werden zu ihren Beichtvätern.

Durch den Akt der Beichte gewinnen Menschen an Einsicht und reinigen sich von Schuld und negativen Energien. Menschen, die von religiösen Institutionen und Führern enttäuscht sind, können immer noch Ersatz in Gottes pelzigen Boten finden. Das ist möglich, weil Menschen tiefe, verlässliche Bande zu Tieren knüpfen und keinerlei Hemmungen haben, sich ihnen ehrlich mitzuteilen. Es liegt ein Trost darin, sich einem dieser Wesen anzuvertrauen, weil das Tier die Handlungen und Äußerungen eines Menschen einfach akzeptiert. Tiere werden so zu unseren Beichtvätern, denen wir uns anvertrauen, weil sie gut zuhören, uns ihre volle ungeteilte Aufmerksamkeit schenken und nicht urteilen. Sie lieben und akzeptieren uns und verraten uns nicht. Es ist ein großer Trost, sich etwas vom Herzen zu reden und zu wissen, dass es nicht weitergetragen wird.

Bedingungslose Akzeptanz

Tiere können emotionale Heilung bringen, weil sie uns bedingungslos akzeptieren. Sie hegen keinerlei Groll, und damit helfen sie uns, unsere Urteile über uns selbst und andere loszulassen. Manchmal reicht schon ihr Beispiel bedingungsloser Akzeptanz aus, um unsere Energien zu beeinflussen. In manchen Fällen können wir durch unser Beispiel auch die Reaktionen eines Tieres verändern.

Als wir das Wolfsreservat erreichten, war ich skeptisch. Es gibt viele Einrichtungen, die behaupten, ein Zufluchtsort für Tiere zu sein, es aber nicht sind. Solche Plätze werden häufig von Scharlatanen betrieben, die Tiere züchten, verkaufen und einen Handel betreiben, der der Spezies, für die sie sich angeblich engagieren, nur Schaden zufügt. In manchen Fällen sind diese Plätze nicht mehr als armselige Ghettos, errichtet aus Schrott und voll gestopft mit baufälligen Tierbehausungen. Als wir eintraten, stellte ich zu meiner großen Erleichterung fest, dass es sich tatsächlich um eine Schutzstätte für Wölfe handelte.

Die Kehrseite der allgemeinen Begeisterung für Tiere ist, dass Menschen versuchen, die Geschöpfe zu erwerben, die sie so sehr bewundern. Der Wolf gehört zu den gefragtesten Tieren unserer Zeit. Zum Glück ist es kein Leichtes, in seinen Besitz zu gelangen, dennoch gelingt es manchem Laien. In der Regel findet diese Person heraus, dass er oder sie weder den besonderen Bedürfnissen des Tieres noch dem intensiven finanziellen wie emotionalen Aufwand, den es erfordert, gewachsen ist. Im Falle des Wolfes und der Wolf-Hund-Kreuzung ist die Situation ein Albtraum. Es existieren nicht genügend Zufluchtsstätten, um der großen Nachfrage nach Aufnahme und Unterbringung dieser unerwünschten Tiere Herr zu werden.

In diesem besonderen Reservat lebten nur reinrassige Wölfe. Obwohl die Einrichtung bereits voll belegt war, waren kurz vor unserem Besuch drei neue Wolfsjunge eingetroffen. Nachdem ich mich mit der Belegschaft bekannt gemacht hatte, betraten wir die

Spielzone für Jungwölfe. Zwei neugierige, gesellige Wolfsjunge kletterten auf den menschlichen Besuchern herum, während der dritte, scheue Welpe allen aus dem Weg ging. Ich zog mich zurück und setzte mich auf einen niedrigen Felsen, der in Nähe der Mitte des Geheges lag. Während die zwei Jungtiere spielten und uns belagerten, zog sich das dritte in den Hintergrund zurück, wo es auf und ab lief. Es fühlte sich sichtlich unwohl.

Je stärker die Menschen den Kontakt mit ihm suchten, umso mehr zog das Junge sich zurück. Als die anderen Besucher schließlich aufgaben und ihre Aufmerksamkeit den zwei zugänglicheren Welpen zuwandten, entschied das dritte Junge, sich mir zu nähern. Während es näher kam, sprach ich sanft zu ihm. Es blieb in der Nähe stehen und nahm meine Witterung auf. Als ich seine Gegenwart einfach akzeptierte, ohne den Versuch einer körperlichen Kontaktaufnahme, entspannte es sich. Bald darauf kletterte es mir auf den Schoß und ließ sich streicheln. Ich drängte mich ihm nicht auf. Ich akzeptierte lediglich seine Vorsicht und reagierte auf seine Annäherungsversuche. So wagte sich das Junge immer weiter aus seinem Schneckenhaus hervor.

Die Verletzlichkeit dieses Wolfsjungen gleicht der mancher Menschen. Menschen, die sich verletzlich fühlen, neigen dazu, sich in neuen Situationen zurückzuhalten und aus der Distanz zu beobachten. Sie warten erst einmal ab, um andere zu beobachten, um dann vielleicht auf jemanden zuzugehen, der ruhig und gelöst ist. Wenn sie einmal entspannt sind, gehen sie aus sich heraus. Die Interaktionen des Wolfsjungen zeigen auch, wie ein Geschöpf sich öffnet, wenn man ihm die Gelegenheit und den Raum dazu gibt. Indem wir uns entspannen und anderen erlauben, ihr eigenes Tempo zu wählen, fördern wir ihr Wachstum und schaffen eine solide Grundlage, auf der wir aufbauen können. Ein solches Akzeptieren der Andersartigkeit kommt uns nicht nur in der Tierwelt zugute, sondern auch in unserem Familien- und Arbeitsleben.

Nach der Begegnung mit den Wolfsjungen gesellte ich mich zu den ausgewachsenen Tieren. Sie waren entspannt und neugierig, längst nicht so angespannt wie viele der gefangenen Wölfe, die ich kenne. Die Besitzerin des Reservats berichtete mir über ihre Methoden und bemerkte, wie froh sie über die Veränderung des scheuen Wolfsjungen sei. Diese Veränderung konnte geschehen, weil dem Jungen zugestanden wurde, erst dann Kontakt aufzunehmen, wenn es dazu bereit war und nicht vorher. Ohne jedes Urteil oder Eingreifen von meiner Seite entschied das Wolfsjunge, dass ich vertrauenswürdig sei. Es fühlte sich sicher. Als hoch sensibles Tier wird es Schwierigkeiten haben, sich auf neue Menschen einzustellen, aber dieses neue Verhalten stellte immerhin einen Anfang dar.

Kleinkinder und Haustiere begrüßen jeden Menschen mit der gleichen Begeisterung. Ihr Blick ist noch nicht eingeengt durch Vorurteile, durch Lebenserfahrungen oder Ängste. Während die meisten Menschen einen Obdachlosen meiden oder ignorieren, lächelt ein Baby ihn strahlend an. Ein stämmiger, von Tätowierungen übersäter Mann erscheint uns zugänglicher, wenn er einen kleinen Hund auf dem Arm hat. Ein Tier, das über einen Strand tobt, rennt zu jedem Menschen hin, um ihn zu begrüßen – ungeachtet seiner Statur, Kleidung oder Nationalität. Wenn die Menschen älter werden, werden sie zurückhaltender.

Nach meiner Erfahrung gibt es unterschiedliche Wege zu einem Urteil zu kommen. Wir können fundierte Entscheidungen auf der Grundlage von Tatsachen, Erfahrungen und persönlichen Werten treffen. Wenn wir jedoch nur aufgrund von Ansichten oder Meinungen urteilen, beruhen unsere Entscheidungen meist auf dem äußeren Anschein und auf möglicherweise falschen Informationen. Ich übe mich darin, keine Vor-Urteile zu fällen. Ich spreche von »üben«, weil es trotz allen Bemühens dennoch geschieht, und dann erwartet mich immer eine wertvolle Lektion.

Auf der Höhe meiner Karriere als Haustiertrainerin leitete ich Hundeschulungen für einige private und öffentliche Institutionen. Meine Einschätzung der Hunde und ihrer Besitzer war in der Regel recht genau, aber einmal beurteilte ich eine Frau danach, wie sie während unserer ersten Unterrichtsstunde aussah und sich verhielt. Ich steckte sie in eine Schublade.

Tonya hatte dunkle Augen und langes schwarzes Haar und sah aus, als hätte sie eine schwierige Kindheit gehabt. Sie wirkte ordentlich und gepflegt, schien aber mit ihren baumelnden Ohrringen, Indianerhemd, Jeans und fransenbesetzten Wildlederstiefeln in die späten 1960er statt in die frühen 1990er-Jahre zu gehören. Ich gebe es nur ungern zu, aber ich glaubte nicht daran, dass sie durchhalten und die erforderliche Leistung erbringen würde. Sie können mir glauben: Sie hat mich schnell eines Besseren belehrt!

Nach der ersten Stunde überraschte sie mich, indem sie mir die Hand schüttelte und mir für den Unterricht dankte. Was ihr Hündchen Nikita anging, war sie mit ihrer Kunst am Ende, und erhoffte sich wirklich etwas von diesem Kurs, denn sie wollte den Hund nicht aufgeben.

Damals bot ich allen Teilnehmern – Einzelnen wie Gruppen – an, kostenlos eine meiner anderen Unterrichtsreihen zu besuchen. Sie waren so lange willkommen, wie sie die eigentlichen Kursteilnehmer nicht störten und das lief sehr gut. Zu meiner Überraschung kamen Tonya und Nikita zu jeder Unterrichtsstunde, und ich hielt damals vier bis sechs Kurse die Woche. Nikita war in der Tat ein sehr ungezogener kleiner Hund, er war eigensinnig, laut, lebhaft und gerissen. Selbst die Welpenschule bereitete ihm Schwierigkeiten. Am Ende gewannen Tonya und Nikita den Klassenpreis für den »größten Fortschritt«. Tonya hatte hart dafür gearbeitet. Sie erwies sich als einer der einsatzfreudigsten und fürsorglichsten Menschen, denen ich in meinem Leben begegnet bin. Meine anfängliche Einschätzung war falsch: Hinter ihrer rauen Schale verbarg sich ein Herz aus Gold. Die gemeinsame Arbeit verband uns und half uns, ein tieferes Verständnis füreinander zu erlangen.

Ehrlichkeit im Ausdruck

So wie der Wolf streben auch wir nach Verbindung mit unserer Familie und Freunden. Wir tun uns zusammen, gehen feste Bindungen ein und arbeiten auf Ziele hin, die für unsere Familie von Nutzen sind. Wir fördern und nähren unsere Beziehungen, teilen unsere Sorgepflichten und bringen Opfer für unseren Nachwuchs oder andere geliebte Menschen. Falls wir Kinder haben, werden sie uns – wie die Wolfsjungen – schließlich verlassen, um Lebenspartner zu finden, neue Familien zu gründen und die Rollen innerhalb eines eigenen Haushalts zu verteilen. Manche legen Teile ihrer Reise auch allein zurück.

Es gibt Zeiten in unserem Leben, in denen wir uns fühlen, als wären wir allein in der Wildnis. Vielleicht gehen wir weite Wege auf der Suche nach uns selbst, unseren wahren Werten und unseren tiefsten Wünschen. Vielleicht suchen wir auch nach etwas, das sich nicht greifen lässt. Vielleicht erheben wir unsere Stimme, um unserer Freude oder unserem Schmerz Ausdruck zu verleihen. Vielleicht ist es auch nur ein Ruf nach Verständnis – oder Hilfe. Wenn wir uns auch in der Wildnis manchmal schutzlos fühlen: Sie ist der Ort, an dem wir Klarheit finden.

Wölfe leben in Harmonie mit der Natur. Sie passen sich den Jahreszeiten an und nehmen sich nur das, was sie brauchen. Ihr Umgang miteinander ist klar und deutlich, und auch wenn es manchmal heftig zugeht, herrscht zwischen ihnen doch Respekt. Im einen Moment bringt ein Wolf den anderen zur Räson, im nächsten Moment spielt er wieder mit ihm. Der Wolf drückt sich vollständig aus – klar und unmittelbar. Sobald er sich ganz mitgeteilt hat, kann er weitergehen.

Es steckt eine elementare Kraft dahinter, wenn ein Wolf die Zähne fletscht und knurrt. Jedes Mal wenn ich miterlebe, wie ein Wolf den anderen diszipliniert, kann ich diese Intensität fühlen. Ich erinnere mich an ein Paar weißer Wölfe, die ich einmal beobachtete. Das männliche Tier war den Menschen nicht freundlich gesonnen, die Wölfin dagegen war ganz zutraulich. Einmal kam sie von einem Streifzug zurück, auf dem sie mit einem Menschen und einem anderen Wolf Kontakt gehabt hatte. Der männliche Wolf war wegen ihrer Abwesenheit gereizt und über ihre Begegnungen beunruhigt. Als sie in das Gehege zurückkam, griff er sie an. Die Auseinandersetzung hörte sich grauenhaft an, war aber eher ritueller als physischer Natur. Er schnappte nach ihrer Schnauze, lief steif umher und knurrte – sie gab schnell nach und zeigte sich durch ihr Lecken, Winseln und Schwanzwedeln unterwürfig. Bald darauf tollten beide wieder zusammen durch das Gehege.

Die Wölfin hatte den Anlass zu diesem Gefühlsausbruch gegeben und leistete schnell Wiedergutmachung. Indem sie sich »entschuldigte«, wandelte sich die Dynamik im Nu. Diese Begegnung zwischen den Wölfen ist ein gutes Beispiel für Ehrlichkeit, Hingabe und die Kraft der Kommunikation. Der männliche Wolf brachte seine Gefühle und ihre Intensität ehrlich zum Ausdruck, und die Wölfin ergab sich der Situation und schenkte seinem Gefühlausdruck Anerkennung. Menschen brauchen nicht so heftig zu werden, um vom Wolf etwas über Ehrlichkeit im Ausdruck und in der Kommunikation zu lernen.

Wenn Menschen von der Macht der Worte sprechen, erinnert mich das an den ausdrucksstarken Wolf. Ehrlichkeit im Ausdruck und die Kraft, unsere Worte zum Guten wie zum Schlechten zu benutzen, sollten uns niemals selbstverständlich erscheinen. Wir können unsere Wortwahl und die Intensität unserer Worte so abstimmen, dass wir andere damit nicht verletzen. Direktheit und Ehrlichkeit sind wichtig, aber auch wir müssen Zurückhaltung üben, so wie der Wolf.

Werfen wir einmal einen Blick auf unsere Alternativen: Ist es so schwer zu sagen, dass es uns Leid tut? Ist es so schwer, die Gefühlsäußerungen von denen anzuerkennen, die uns lieb und teuer sind? Nehmen wir uns die Zeit zuzuhören, wenn jemand das Gespräch mit uns sucht? Machen wir mit, wenn hinter dem Rücken von anderen über sie geredet wird, oder stellen wir uns offen einer Auseinandersetzung? Ein ehrliches und auf den Punkt gebrachtes Feedback ist, zur rechten Zeit geäußert, eine achtbare Handlung.

Die Kunst des Zuhörens

Wenn ich die Natur beobachte, finde ich viele anschauliche Beispiele, wie ich mein Leben führen kann. Draußen, in der freien Natur, finde ich eine direkte Verbindung zum Göttlichen. Frei von Ablenkungen werde ich offen und empfänglich. Meine Sinne sind geschärft, ich bin nicht länger auf der Suche und nahezu ohne Erwartungen, deshalb bekomme ich Antworten auf meine Fragen.

Wenn ich im Freien körperlich tätig bin, bewege ich mich im Einklang mit meiner Umgebung. Sobald ich mich auf den Rhythmus der Natur einstelle, verblassen meine Sorgen. Verschwunden sind die Gedanken, die sich um den Alltag und um belanglose Kleinigkeiten drehen. An ihre Stelle tritt der Klang der Wellen, die sich an der Küste brechen, das Geräusch einer Gans, die auf dem See landet und das erste Bienensummen der Saison. Ich fühle die eisige Winterluft auf meinen Wangen, während das Gleißen der Sonne von der Wasseroberfläche zurückgeworfen wird. Die Bäume rascheln, wenn ein Windstoß hindurchfährt. All diese Sinneseindrücke bringen mich in die Gegenwart.

Wie schön wäre es, wenn wir uns alle in der heiligen Kunst des Zuhörens üben würden! Wenn Sie im Gespräch mit jemandem sind, hören Sie dann, was er oder sie wirklich sagt? Oder schweift Ihr Geist ab, um darüber nachzudenken, was Sie alles zu tun haben? Bleiben Sie an offenen Rechnungen oder unerledigten Besorgungen hängen? Vielleicht wünschen Sie sich einfach an einen anderen Ort? Oder suchen Sie im Stillen nach Gegenargumenten, statt wirklich zuzuhören? Vielleicht steigt eine Frage in Ihnen auf und Sie unterbrechen Ihr Gegenüber, noch bevor sie oder er zu Ende gesprochen hat? Wenn Sie auf eine dieser Fragen mit Ja geantwortet haben, finden Sie auf dieser Stufe der spirituellen Leiter Gelegenheit, in die Tat umzusetzen, was der Wolf und die Natur uns lehren: Hören Sie einfach zu!

Wenn wir offen und empfänglich sind, werden wir auf den richtigen Weg geführt, doch wir müssen aufmerksam hinhören. In meinem Leben und dem Leben meiner Freunde, scheint jede Botschaft in dreifacher Ausführung anzukommen. Wenn mir drei verschiedene Momente etwas über das gleiche Thema offenbaren, scheint mir das ein Wegweiser zu sein, und wenn ich achtsam bin, kann ich mich danach richten. Manchmal bekomme ich den gleichen Hinweis aus ganz verschiedenen Quellen: Ich schnappe eine Sache beim Fernsehen auf, stoße dann beim Lesen darauf und anschließend erzählt mir ein Freund davon. Neue Bilder oder Ideen stellen sich auch während meiner Meditationen ein, auf Spaziergängen in der Natur oder, weniger mystisch, beim Autofahren oder Geschirrspülen. Vielleicht wird Ihnen Ihr Weg auf ähnliche Art gewiesen. Seien Sie aufmerksam und achten Sie darauf, von wo Ihnen Führung zuteil wird. Nehmen Sie es zur Kenntnis, wenn Ahnungen in Ihnen aufsteigen, machen Sie sich Notizen darüber, wie und wann Sie auf Neues gestoßen werden oder auf welche Weise Ihnen Einfälle kommen.

Wenn wir unsere Erwartungen loslassen und aufhören, uns um Kontrolle zu bemühen, öffnen wir uns für die göttliche Führung. Sicher, wir müssen der Weisung auch zuhören, ihr folgen, sie anerkennen. Unter Wölfen existiert eine Rangordnung mit einem festen Leitwolf. Obwohl dieser die Gruppe führt, bekommt er auch ihre Unterstützung. Er achtet nicht nur auf diejenigen in seiner Nähe, sondern auch auf seine Umgebung und seine Instinkte. Um erfolgreich zu sein, folgt er seinen Erfahrungen und den Lehren, die er daraus gezogen hat. Seine Sinne sind darauf eingestellt zu lauschen, zu beobachten und die leichtesten Veränderungen wahrzunehmen. Er kann stolze Höhen erklimmen, um seine Umgebung zu sichten und einen besseren Überblick zu bekommen.

Wenn wir den Wolf zum Vorbild nehmen, lernen wir achtsam zu sein, unseren Sinnen Aufmerksamkeit zu schenken und unserer inneren Stimme zu lauschen. Anstatt abzuwerten, was wir wahrnehmen, können wir in unseren ruhigsten Momenten unsere Eindrücke oder Ahnungen bewusst anerkennen. So gerüstet erklimmen wir die nächste Stufe der spirituellen Leiter, auf der wir zu einem Weitblick gelangen, wie ihn am besten der Adler verkörpert.

6. Die Weitsicht des Adlers

*Von Freiheit und inneren
Bildern*

*D*er Adler über meinem Kopf legte sich auf die Seite und stieß hinab auf eine unsichtbare Beute – es war ein atemberaubender Anblick. Seine Krallen schimmerten in den ersten Strahlen der Sonne, sein weißer Kopf und dunkler Körper zeichneten sich scharf gegen den Himmel ab. Er verfehlte sein Ziel, fing sich aber rasch wieder und stieg hinauf in die Lüfte. Als er majestätisch über die Hügelkette davonzog, war sein Anblick ein echter Höhepunkt – nicht nur für meine Augen, sondern auch für mein Herz. Es war das erste Mal in all den Jahren, die ich in Big Bear Valley lebte, dass ich einen frei lebenden Weißkopfseeadler zu Gesicht bekam, und es sollte nur der Auftakt zu einer ganzen Reihe von außergewöhnlichen und eindrucksvollen Momenten sein.

Weißkopfseeadler sind riesige Vögel. Sie wiegen bis zu vierzehn Pfund, haben eine Flügelspannweite von 180 – 240 cm und nisten auf Baumstümpfen oder in toten Bäumen. Wegen ihrer Größe benötigen sie enorm viel Kraft und Raum zum Abheben und Landen. In Baumkronen finden sie Ruheplätze und einen guten Ausblick für die Jagd. Diese Vögel reagieren auf leichteste Störungen und können das kleinste Fleckchen in allen Einzelheiten klar ausmachen. Adler sind in hohem Maße darauf eingestimmt, Information aufzunehmen, und reagieren sehr empfindlich auf ihre Umgebung.

Bei den amerikanischen Ureinwohnern gibt es verschiedene Legenden und symbolische Darstellungen dieses Vogels. Eine Legende der Pueblo-Indianer besagt, dass Gebete an die Adler geschickt werden, weil sie das Verbindungsglied zum göttlichen Geist darstellen. Sie gelten als geflügelte Boten an den Schöpfer, denn sie werden vom Wind hinaufgetragen und kreisen immer höher, bis sie unserem Blick entschwinden. So erinnern sie uns daran emporzustreben und verleihen uns

Auftrieb, um die nächste Stufe der spirituellen Leiter zu erreichen.

Auf der sechsten Entwicklungsstufe können wir vom Adler lernen, Weitsicht zu entwickeln. Er lehrt uns die Fähigkeit zu distanzierter Beobachtung und das Unterscheidungsvermögen, mit dem wir erkennen, wann wir eine Sache weiterverfolgen sollten und wann wir unsere Absichten besser ändern und loslassen. Adler demonstrieren, wie wir die Gelegenheiten ergreifen, die sich uns bieten, und wie wir uns von Missgeschicken erholen. Ebenso zeigen sie uns, wie man in neue Gewässer eintaucht um sich zu holen, was man braucht, und mit neuer Nahrung daraus hervorzugehen.

Mit der achtfachen Sehfähigkeit des Menschen verfügt der Adler wahrhaftig über visionäre Kraft. So wie der Adler können auch wir zu neuen Höhen aufbrechen und auf unser Leben, unsere Taten und die Schwierigkeiten, denen wir begegnen, zurückblicken. So erlangen wir eine andere Perspektive: die Klarheit aus der Distanz. Mit der Klarheit kommt die Fähigkeit, Moglichkeiten wahrzunehmen, die wir leicht übersehen, wenn wir mitten in der Situation stecken. Wir haben tatsächlich die Wahl, wie wir uns durch dieses Leben bewegen, aber wir brauchen Klarsicht, um geschickt manövrieren zu können. Und wir müssen loslassen können.

Es ist schwer, sich von Vorstellungen und Mustern zu lösen, an denen wir seit langer Zeit festhalten – aber für Entwicklung und Gesundheit ist es unerlässlich. Wenn einem Käfigvogel nicht eine Reihe von Stangen zum Sitzen und Greifen zur Verfügung gestellt werden, entwickelt er Probleme und baut körperlich ab. Auch wir müssen bereit sein, loszulassen und uns weiterzubewegen. Es ist wichtig, sich in die eigenen Träume, Wünsche und Motivationen zu vertiefen, um herauszufinden, ob unser Flug noch in die richtige Richtung geht.

Gelegenheiten ergreifen

Adler sind Überlebenskünstler. Es gab eine Zeit, als sie durch Schädlingsbekämpfungsmittel und Verfolgung in manchen Gebieten bis an den Rand der Ausrottung getrieben wurden, doch sie haben sich wieder erholt. Diese Geschöpfe überstanden schreckliche Bedrohungen. Sie passten sich an und entwickelten sich weiter und geben uns ein Beispiel, wie wir entmutigende Rückschläge überwinden können.

Auch wenn wir in der Lage sind, unsere Schwierigkeiten alleine zu bewältigen, kommt manchmal Hilfe aus unerwarteter Richtung. Im Falle des Adlers schufen Menschen die Probleme, waren aber auch verantwortlich für deren Lösung. Die schädlichen Pestizide wurden verboten und Freunde des Adlers machten sich für den Schutz der Vögel und ihrer Lebensräume stark. In unserem eigenen Leben bekommen wir vielleicht Hilfe von den Menschen, die wir kennen, manchmal aber auch von völlig unerwarteter Seite oder von Menschen, mit denen wir nie gerechnet hätten. In anderen Fällen kann eine plötzliche Einsicht uns die Lösung bringen oder wir erfahren göttliche Inspiration.

Es gab eine Zeit, in der ich verzweifelt Führung benötigte und sie schließlich – nach einer gründlichen Selbstprüfung – auch erhielt. Damals hatte ich eine gute Leitungsposition in einem Ozeanarium und bewarb mich um die Aufnahme an einer Elitehochschule. Innerhalb kurzer Zeit wurde ich sehr krank, verlor meinen Job und meine Wohnung, und bekam eine Absage von dem College, auf das ich so verzweifelt hinstrebte. Während die Ärzte noch versuchten, eine Diagnose zu stellen, machte ich mich auf den Weg nach Nordkalifornien und verbrachte dort einige Zeit in der Natur und mit alternativen Heilmethoden. Ich wusste nicht mehr, was ich tun sollte, all meine Pläne schienen gescheitert. Als ich eines Tages in stiller Kontemplation dasaß, kam mir eine Offenbarung. Mir wurde klar, dass ich weitermachen und mehr Erfahrung sammeln konnte, um es dann noch einmal zu versuchen. Bald darauf verbesserte sich mein Gesundheitszustand und ich kehrte nach Hause zurück. Ich arbeitete daran, mehr Erfahrung im Umgang mit Tieren zu erwerben und sicherte mir die Aufnahme an jenem berühmten College. Die innere Führung kam plötzlich und unmissverständlich. Als ich begann ihr zu folgen, öffneten sich alle Türen.

So wie der Adler ergriff ich die Gelegenheiten, die sich mir boten. Adler sehen genau hin und erkennen die Zeichen der Zeit. Adler sind Aasfresser und Raubvögel. Sie kämpfen um ihr Überleben – sorgen aber auch dafür, dass Schwache und Kranke ausgesondert werden. Ihr Beispiel soll uns nicht auffordern, andere auszunutzen oder zu verletzen, sondern zuzugreifen, wenn wir uns, unseren Familien und Gemeinschaften etwas Gutes tun können. Was wir von Adlern lernen können, ist die Fähigkeit, unserer Umgebung Aufmerksamkeit zu schenken und wachsam für neue Gelegenheiten zu sein. So wie der Adler mit vorgestreckten Krallen die Beute ansteuert, sollten auch wir unsere Möglichkeiten beim Schopfe packen. Wenn sich die Gelegenheit bietet, reißt der Adler vielleicht einen Fisch aus den Klauen eines Artgenossen oder jagt ihn einem anderen Raubvogel ab. Es gibt Momente, in denen Adler scharf zupacken, und andere, in denen sie loslassen und sich etwas anderem zuwenden.

Adler wissen, wann es Zeit ist weiterzuziehen. Sie schöpfen alle Möglichkeiten aus, die die Reise ihnen bietet, und kehren immer wieder an die Orte zurück, wo das Leben es gut mit ihnen gemeint hat. Wie viele von uns erkennen nicht, wann wir einer Situation entwachsen sind und wann es uns nicht weiterbringt, in einer harten Umgebung auszuharren. So wie der Adler müssen auch wir erkennen können, wann ein Ort uns nicht länger das bietet, was wir brauchen, um gesund und glücklich zu sein.

Donna war unglücklich. Sie hatte eine gute Führungsposition aufgegeben, um sich einem neuen Mann und einem vermeintlich innovativen Vogelprojekt anzuschließen. Sie zog um, erweiterte ihr Fachwissen, indem sie sich mit der Aufzucht von

Jungvögeln beschäftigte, und begann schließlich Ausbildungs-
programme zu leiten, zu schreiben und Produkte für die Vogel-
haltung herzustellen. Das Potenzial war da, aber sie empfand ihre
neue Umgebung als frustrierend und wenig unterstützend. Obwohl sie wertvolle Fähigkeiten erwarb und neue Kontakte
schloss, vermisste sie ihre Freunde und ihre Familie. Am Ende
wurde ihr klar, dass es das Beste wäre weiterzuziehen. Bald darauf schlug sie einen anderen Kurs ein, wo sie zufrieden in einer
positiveren Umgebung arbeiten konnte und von den Menschen
unterstützt wurde, die ihr nahe standen.

Der Adler ermutigt uns, mit voller Überzeugung in neue Gewässer einzutauchen. Wenn wir unter die Oberfläche vorstoßen,
in die Tiefen unserer Emotionen und unserer Kreativität, können wir uns nehmen was wir brauchen und gereinigt, mit neuer
Energie wieder emporsteigen. Wir müssen bereit sein zu tauchen. Es ist möglich, sich in neue Bereiche vorzuwagen, auch
wenn wir nicht auf den ersten Blick sehen können, was uns
erwartet – wir müssen uns nur wirklich einlassen und darauf vertrauen, dass wir wohlbehalten wieder auftauchen.

Die Gabe der Intuition nutzen

Tiere sind zum Überleben auf ihre Sinne angewiesen. Das Sehen
ist nicht immer der wichtigste Sinn – möglicherweise ist es die
Intuition. Auf der sechsten Stufe der Entwicklung geht es darum,
Verbindung zur eigenen Intuition aufzunehmen, ohne sich von
äußeren Reizen durcheinander bringen zu lassen.

Wenn wir Tieren in Bewegung zusehen, können wir sehen,
wie sie sich in ihre Umgebung einfügen. Herdentiere sind in
hohem Maße aufeinander sowie auf die Raubtiere in ihrer Umgebung eingestimmt. Solange sie sich entspannt fühlen, weiden
sie und tun, was sie eben tun. Wenn sie jedoch intuitiv spüren,

dass etwas nicht stimmt, verändert sich die Atmosphäre. Eine Art elektrischer Spannung liegt in der Luft, die Tiere halten inne, um dann – wie in einer Explosion – plötzlich alle auf einmal davonzuspringen und die Flucht zu ergreifen.

Obwohl sich alle Tiere auf ihre Umgebung und auf das Geschehen in ihrer Nähe einstimmen, strahlen Pelikane eine ganz besondere Gelassenheit aus. Sie demonstrieren, wie wir zum Wohle aller harmonisch zusammenarbeiten können. Durch ihren gemeinsamen Einsatz für die Ziele der Gruppe gewinnen sie Zeit für andere Dinge. Sie zeigen auch, wie es gelingt, eine ruhige Haltung zu bewahren, während man in manchen Lebensbereichen fieberhaft tätig ist. Wachsam und mit konzentriertem Blick verfolgen sie nicht nur, was um sie herum geschieht, sondern auch das, was unter der Oberfläche vorgeht.

Weiße Pelikane leben in großen Schwärmen, zu Hunderten, manchmal zu Tausenden – majestätische Vögel, die auf den Strömen des Windes reiten und in Harmonie dahingleiten. Sie wirbeln anmutig umher, bis sie eine Stelle finden, um auf dem Wasser zu landen. Einmal gelandet, gehen sie gemeinsam auf Jagd. Über der Wasseroberfläche wirken sie ruhig und gesammelt, mit den Füßen aber rudern sie energisch in einem Halbkreis vorwärts, und treiben so die Fische ins Flachwasser. Der Fisch kann dann in ihre großen Kehlsäcke geschöpft werden, die sie wie Fischnetze benutzen. Die Zusammenarbeit sichert ihren Erfolg und erlaubt es ihnen, sich anderen, weniger anstrengenden aber wichtigen Tätigkeiten zu widmen, wie dem Sonnenbaden und Putzen des Gefieders. Pelikane arbeiten für ihren Vorteil zusammen, sie lassen sich jedoch auch von ihrer Intuition leiten.

Woher wissen Tiere, dass ihre Besitzer auf dem Heimweg sind oder dass ein Ausflug bevorsteht? Teilweise wird dieses Wissen aus menschlichen Verhaltensmustern, Schlüsselworten oder zeitlichen Auslösern abgeleitet. Darüber hinaus benutzen Tiere aber noch einen anderen Wahrnehmungskanal.

Bestimmte Gewohnheiten und Sätze rufen bei Tieren ein bestimmtes Verhalten hervor. Die meisten Verhaltensprobleme, wie zum Beispiel »Trennungsangst«, können auf das Verhalten des Besitzers zurückgeführt werden. In den meisten Fällen lösen Menschen unwissentlich Stresssituationen aus oder tragen zu deren Eskalation bei, um dann unbeabsichtigt das Fehlverhalten zu verstärken.

Diana berichtete, wie ein Erdbeben und die darauf folgenden Nachbeben ihren Hund in panische Angst versetzten. Sie rief mich sofort an und bat um Hilfe. Am Telefon beschrieb sie mir ihre Versuche, den Hund zu trösten. Ich riet ihr, damit aufzuhören, da ihr Trost nur seine Angstreaktion verstärke. Sie nahm den Rat an und innerhalb von vierundzwanzig Stunden hörte der Hund auf zu zittern oder sich ängstlich zu verhalten. Die gleiche Art von Überfürsorglichkeit bereitet Tieren Probleme, wenn ihr Besitzer das Haus verlässt oder zurückkommt.

In der ersten Zeit, die Clyde bei mir lebte, begann er vor Angst alles anzunagen, sobald ich ihn nur für kurze Zeit allein ließ. Nach der Verhaltenstherapie war mein Kommen und Gehen für ihn keine große Sache mehr. Es gab keine zeitgebundenen Auslöser oder andere Regelmäßigkeiten, die ihn erraten ließen, wann ich heimkommen würde. Trotzdem spürte er es jedes Mal im Voraus, wenn ich von einer Reise nach Hause kam, und wartete dann schon auf mich. Zahlreiche Haustierbesitzer könnten Ähnliches berichten.

Als Beas Hund verschwand, hatte sie das Gefühl, dass etwas Schlimmes passiert sei. Die nächsten achtundvierzig Stunden suchte sie nach ihm. Sie unternahm lange Streifzüge durch das Gelände und fühlte sich schließlich zu einer Straße hingezogen, die an einem ausgetrockneten Seebett entlang führte. Dort entdeckte sie ihren Hund, der seinen Kopf hob, um ihre Aufmerksamkeit zu erregen. Der Hund wurde schwer verletzt in die Klinik gebracht und überlebte. Wie sie ihn fand? Sie folgte ihrer inneren Wahrnehmung. Viele Mütter können bestätigen, dass sie fühlen, wann ihre Kinder in Gefahr sind.

Wir alle haben diese innere Wahrnehmung, aber wie oft gehen wir darüber hinweg! Es sind die kleinen Dinge – zum Beispiel einem Gefühl nachgehen, bis es sich als richtig erweist, jemanden auftauchen sehen, an den man gerade gedacht hat, oder Freunde anrufen und sie sagen hören: »Gerade habe ich an dich gedacht!« Hier zeigt sich unsere Intuition und eine andere Art des »Sehens«. Probieren Sie einmal folgende Übung aus und beobachten Sie, was passiert!

Machen Sie einen Ausflug in einen nahe gelegenen Park, Zoo oder in die freie Natur. Suchen Sie sich irgendein Tier in Ihrer Nähe aus und schauen Sie es intensiv an. Beobachten Sie, wie lange es dauert, bis das Tier sich umdreht und Sie anblickt oder wegfliegt. Wenn Sie ein Haustier auf diese Weise anschauen, wird es vielleicht auf Sie zukommen. In den meisten Fällen dauert es nicht lange. Das Tier spürt es intuitiv, wenn man seine Energie auf es richtet. Viele Beutetiere ignorieren Raubtiere so lange, bis eine Jagd im Gange ist. Ihr inneres Sehvermögen versetzt sie rechtzeitig in Alarmbereitschaft.

Heutzutage versuchen viele Menschen eine Verbindung zu dieser intuitiven Kraft herzustellen, doch dafür gibt es keinen einfachen Weg. Diejenigen, die sich auf spirituelle Lebensberater oder medial begabte Menschen verlassen, suchen am Wesentlichen vorbei. Wir müssen nach innen schauen und unsere eigene innere Sicht benutzen, die göttliche Gabe innerer Vision, statt erwachsene Abhängige oder spirituelle Junkies zu werden. Nicht dass mediale Fähigkeiten oder die Fähigkeit in die Zukunft zu sehen etwas Schlechtes wären – aber es hemmt unseren persönlichen Wachstumsprozess, wenn wir äußere Hilfen als Krücken benutzen.

Auf sich selbst vertrauen

Die meisten Menschen, die ein Händchen für Tiere haben, sind intuitiv. Das ist der Unterschied zwischen Menschen mit Talent und solchen, die gerade eben so zurechtkommen. Methoden erlernen kann jeder, aber um Hervorragendes zu leisten, muss man seine Instinkte benutzen. Die ganzen Jahre über ist es eines meiner Hauptanliegen, den Menschen beizubringen, ihre Tiere zu verstehen. Es ist wichtig, dass Tierbesitzer lernen, die eigenen intuitiven Kräfte zu benutzen, um mit ihren Tieren Verbindung aufzunehmen. Wenn meine Schüler mir eine Frage stellen, antworte ich: »Was denken Sie selbst darüber?« oder »Was sehen Sie selbst?« Zuerst mag das auf Widerstand stoßen, weil sie ihren eigenen Fähigkeiten nicht trauen. Bald aber beginnen sie auf subtile Hinweise und Ahnungen zu achten – dann machen sie schneller Fortschritte.

Wenn beim Tiertraining in der Gruppe Fragen auftauchen, bitte ich alle Teilnehmer um ihre Meinung dazu. Sie tauschen sich darüber aus, was sie vermuten, fühlen oder wahrnehmen. Andere beginnen daraufhin, die gleichen Dinge zu erkennen, mehr Vertrauen zu entwickeln und ihre schlummernden Talente zu erwecken. Je mehr die Teilnehmerinnen und Teilnehmer üben, desto mehr nehmen sie wahr. Das erleichtert ihnen den Umgang mit ihren Tieren – aber auch den Umgang mit anderen Lebewesen.

Andrea brachte ihren Hund Samson, einen kräftigen Boxer, mit in den Unterricht, weil sie ihn nicht verstand und keine Kontrolle über ihn hatte. Er war freundlich, hatte aber gelernt sich durchzusetzen, indem er den »starken Mann« markierte. In ihrem ständigen Bemühen, ihn zu kontrollieren, redete Andrea ununterbrochen und störte damit den ganzen Unterricht. Ich bot an, Samson für diese Stunde als Demonstrationstier zu benutzen und innerhalb weniger Minuten stand er ganz ruhig da. Als ich die Kursteilnehmer bat, mir den Grund dafür zu nennen, waren sie erst einmal verwirrt. Ich gab Samson seiner Besitzerin zurück und alle sahen zu, wie er zu seinem hyperaktiven Verhalten zurückkehrte. Dann zeigte ich Andrea einige Techniken für den richtigen Umgang mit der Leine, bewusste Bewegung und Kommunikation. Innerhalb kürzester Zeit änderte sich die Dynamik. Dann nahm ich Samson, arbeitete mit ihm und bat die Gruppe erneut, mir den Unterschied zu erklären. Den Schülern war aufgefallen, dass ich unter anderem absichtsvolle Bewegung einsetzte, auf die der Hund anstatt auf die Leine zu reagieren lernte, und dass meine Kommunikation mit ihm unmittelbar und klar war. Andrea fand einen guten Einstieg – sie erkannte, was gut funktioniert und übte in dieser Stunde die entsprechenden Methoden. In der nächsten Unterrichtsstunde war sie bereits geschickter und am Ende des Kurses besaß sie einen gut ausgebildeten Hund und wusste auch mit anderen Hunden umzugehen. Sie erzählte, dass ihre Spaziergänge nun »kampffrei« abliefen, weil sie nicht nur mit Samson, sondern auch mit jedem unbeaufsichtigten Hund fertig wurde, der sie belästigte. Sie lernte, auf sich selbst zu vertrauen.

Es ist wesentlich, dass wir lernen uns selbst zu vertrauen, statt uns zur Orientierung auf andere Menschen zu verlassen. Damit kommen wir zu einem wichtigen Punkt. Als meine Laufbahn in den 1970er-Jahren begann, gab es nur wenige Menschen, die sich Tiermedium nannten. Tatsächlich unterstellte man denen, die die Gabe des Hellsehens oder Hellhörens besaßen, eher üble Absichten. Heute ist es an der Tagesordnung, dass wir von parapsychologischen Netzwerken und Messen hören, oder von Fernsehshows, in denen Wahrsager bejubelt werden. Und manche dieser Medien verdienen ihr Geld damit, die innersten Gedanken und Wünsche von Haustieren an ihre Besitzer weiterzuleiten.

Wir können jede Hilfe nutzen, die uns weiterbringt, aber wir dürfen darüber nicht verlernen, selbst zu gehen! Wir selbst müssen die Arbeit tun und uns um Weiterentwicklung bemühen. In unsere eigenen höheren Kräfte zu vertrauen ist eine Sache. Unser Vertrauen in etwas außerhalb unserer selbst zu setzen, es ganz in die Hände eines anderen Menschen zu legen, ist niemals eine gute Idee – es macht uns ohnmächtig. Wir sind dazu aufgefordert, selbst die Verbindung zu unseren Tieren zu finden. Unsere Vorfahren nahmen sich Zeit für diesen Kontakt, sie lernten Tiere und ihre Verhaltensmuster gründlich kennen. Wir haben die gleichen Fähigkeiten wie sie und sollten sie auch nützen, statt unser Geld dafür auszugeben, dass sich jemand anders an unserer Stelle bemüht.

Während meiner Arbeit für eine innovative Tierklinik in San Diego tauschten meine Kollegen und ich unsere Methoden und Erfahrungen aus. Als ich mit meinen Tieren den Kommunikationskurs eines Mitarbeiters besuchte, hatte ich bereits ein gutes Gespür für meine Schützlinge und ihre Bedürfnisse, konnte aber dennoch viel dazulernen. Ich genoss es, zu den anwesenden Haustieren Kontakt aufzunehmen, und das, was sie mir an Informationen vermittelten, direkt bei ihren Haltern überprüfen zu können.

Noch einmal – es spricht nichts dagegen, sich Hilfe zu holen, wenn man sie braucht. Von Fall zu Fall lasse ich mich von anderen Verhaltensforschern und Tierexperten beraten und habe schon mit sehr renommierten Tiermedien zusammengearbeitet. Auf meiner Suche nach den besten Methoden erforsche ich auch alternative Therapien zur Lösung von Tierproblemen. In einem ungewöhnlichen Fall ging es um einen Kinkajou (einen aus dem Regenwald stammenden Vetter des Waschbären, auch »Wickelbär« genannt), der überraschend seinen Pfleger angegriffen hatte. Ohne irgendwelche weiteren Details preiszugeben, legte ich dem Medium das Foto des Tieres vor. Im Verlauf der Sitzung teilte der Kinkajou dem Tierkommunikator mit, dass sein Besitzer über den Angriff verärgert sei. Der Kinkajou gab zu verstehen, dass er nicht weiter darüber sprechen wolle, beklagte sich aber, dass seine Artgenossen mehr Aufmerksamkeit erhielten als er und dass er sich krank fühle.

Es gibt Situationen, in denen es angemessen ist, Hilfe zu holen. Wenn Sie sich dazu entschließen, dann benutzen Sie Ihre

Urteilskraft und vergewissern Sie sich, dass die betreffende Person anerkannt und auf vertrauenswürdige Weise professionell ist – egal welchen Beruf er oder sie hat.

Einen klaren Blick behalten

Adler gleiten elegant auf den Luftströmen dahin. Sie heben buchstäblich ab, aber nicht in dem Sinne, wie manche Menschen es tun. Zugang zu unserem heiligen Selbst bekommen wir nicht durch Drogen oder Alkohol. Ob legal oder illegal – diese Substanzen bauen Barrieren auf, die uns von unserem inneren Wissen trennen. In unserer Gesellschaft sind Medikamente weit verbreitet und akzeptiert. Die Leute sprechen genauso freimütig darüber, was der Arzt ihnen verschreibt, wie sie über ein Fußballspiel reden. Vielleicht ist das ja ein Fortschritt, aber schon unsere Kinder nehmen in jungen Jahren Medikamente – wegen Problemen, die möglicherweise Symptome dafür sind, dass irgendetwas anderes schief gelaufen ist. Drogenmissbrauch jeglicher Art ist dazu geeignet, unsere Gefühle zu überdecken und unsere innere Sicht zu verdunkeln.

Meditation, Gebet, Yoga und andere Praktiken können einen Menschen mit dem Göttlichen verbinden, aber manche Menschen würden diesen Prozess gerne abkürzen. Sie benutzen Drogen wie Peyote oder Marihuana, um spirituelle Erfahrungen zu machen. Bei meinem Studium alternativer Heilweisen wurde ich darauf aufmerksam, dass solches Verhalten die Aura, das Energiefeld des Körpers, beschädigt und eine Person nicht nur für das Göttliche, sondern auch für negative Kräfte öffnen kann.

Wir sind leider ungeduldig. In unserem täglichen Leben erwarten wir die unmittelbare Befriedigung unserer Bedürfnisse. Wir sind den Sofortkontakt per Internet und Handy gewohnt und wir sind nicht bereit zu warten. Sogar unsere Restaurants sind auf unseren ruhelosen Lebensstil zugeschnitten. Es gibt keine Schnellstraße zum Göttlichen und dennoch suchen die Menschen danach. Drogen, Medikamente und Ähnliches sind verbreitete Alternativen geworden, um den Schmerz zu betäuben oder Probleme zu vergessen. Es ist etwas Normales, dass es uns nicht immer gut geht. Diese Substanzen erlauben uns zu funktionieren, aber sie unterdrücken die Hilferufe unserer Seele. Drogen tun nichts anderes, als die Symptome der darunterliegenden Unruhe und Langeweile einfach zu verdecken, sie betäuben unsere Sinne. Damit lähmen sie aber auch die Instinkte, die uns zu spiritueller Entwicklung und tieferen Einsichten führen.

Tiere brauchen ihre Sinne zum Überleben, sie können sich keine veränderten Bewusstseinszustände erlauben. Tiere müssen im Augenblick leben und sich mit dem auseinander setzen, was sich ihnen gerade bietet. Wenn Menschen in die natürlichen Lebensbedingungen von Tieren eingreifen, bleiben die Komplikationen nicht aus. Vor nicht allzu langer Zeit arbeitete ich in einem sehr großen Zoo. Als der leitende Verhaltensforscher vorschlug, ein Antidepressivum einzusetzen, um die Tiere ruhig zu stellen, war ich entsetzt. Wilde Tiere reagieren auf Drogen anders als domestizierte Tiere. Obwohl es angemessene Formen des Medikamenteneinsatzes für die Verhaltensmodifikation von Haustieren gibt, besteht immer das Risiko von Nebenwirkungen. Mir erschien es voreilig, Drogen einsetzen zu wollen, bevor man überhaupt nach der Ursache für den Stress gesucht hatte.

Aufgrund des öffentlichen und finanziellen Druckes, den Zoo zu eröffnen, hatte man den Tieren nicht genug Zeit gegeben, sich zu akklimatisieren. Erschwerend kam hinzu, dass man die Tiere vor der Zusammenlegung nicht richtig miteinander vertraut gemacht hatte. Schließlich gab es unter ihnen auch noch Auseinandersetzungen im Wettstreit um Dinge wie planlos angebrachte Futterspender und Tierspielzeug, was den Stresspegel noch weiter erhöhte. Die Zooleitung schien mehr darauf bedacht, eine schnelle Lösung zu finden, als die zugrunde liegenden Probleme zu lösen. Die Tiere hätten Zeit gebraucht, um sich in Ruhe einzugewöhnen, statt dessen wurden sie gedrängt, schnell die beteiligten Menschen zufrieden zu stellen.

Neben den Pharmazeutika gibt es noch weitere Krücken, die in unserem modernen Leben als akzeptabel gelten. Manche Leute gehen zum Beispiel jahrelang zum gleichen Therapeuten, ohne dadurch jemals befähigt zu werden, auf eigenen Beinen zu stehen. Beratung, Selbsthilfegruppen und Therapie sind großartige Unterstützung für viele Menschen, aber die Weigerung, zu Verantwortung und Selbstvertrauen zu gelangen, verhindert jede Entwicklung. Wir müssen bereit sein, auch Unbehagen auszuhalten. Wenn wir durch das Unbehagen hindurchgehen, lernen und wachsen wir, und was uns scheinbar erdrückt, verliert die Macht über uns. Auf diese Weise steigen wir die Sprossen der Leiter hinauf – wir ergreifen eine Sprosse und ziehen uns daran hoch, dann setzen wir den Fuß auf die nächste Sprosse. Dieses Klettern ist es, was uns nach oben bringt. Wir brauchen keine Krücken – wir müssen uns an die Arbeit machen! Hilfsmittel sind wie Aufzüge: Sie können unsere Reise nach oben zwar beschleunigen, aber wenn keine Energie da ist, sind sie nutzlos. Wir werden träge, wenn wir uns auf äußere Kräfte verlassen.

Statt anderswo nach Antworten zu suchen, sollten wir mehr Zeit unseren Tieren und uns selbst widmen. Wir können vieles lernen, wenn wir einfach mit den Geschöpfen in unserer Nähe zusammen sind. Ein Tier kann bis in die Tiefen unseres Seins blicken und das Beste in uns sehen. Das ist kein passiver, sondern ein aktiver Prozess. In unseren Beziehungen wachsen und lernen wir voneinander. Wir benötigen diese Gegenseitigkeit, um ganz klar zu sehen – unsere Sinne müssen geschärft und offen sein.

Loslassen und dem inneren Weg folgen

Ich beobachte Tiere immerzu. Wenn ich den Pelikan anschaue, sehe ich schwarz und weiß gezeichnete Flügel. Wenn ich sehe, wie die Vögel diese Schwingen einsetzen, um die Luftströme zu bewältigen oder einander den Raum streitig zu machen, erinnert mich das daran, dass die Welt um mich herum in Wirklichkeit nicht schwarz-weiß ist. Das Leben ist reich an Nuancen und manchmal ermöglicht uns der Kontrast, etwas Neues wahrzunehmen.

Manchmal zerrinnen Schwarz und Weiß zu einem grauen Nebel, der sich über das Wasser breitet. Ich frage mich, ob es wohl ein Symbol für Versenkung oder Integration ist, wenn der Nebel alles verschluckt und keine Unterschiede mehr auszumachen sind. Auch in der Vereinigung mit der Natur und der Verbindung mit dem Geist gibt es so etwas wie Ebbe und Flut. Dieser Prozess ist nicht immer leicht zu fassen.

Die unterschiedlichsten Seminare versprechen den Menschen, ihre Sehnsucht nach einer Verbindung mit dem Geist und der Natur zu stillen. Bedauerlicherweise legen viele dieser Kurse ihren Schwerpunkt einmal mehr auf Äußerlichkeiten, statt auf innere Kräfte. Einmal war eine indianische Autorin zu Gast in meinem Kurs für kreatives Schreiben und teilte den Reichtum ihrer persönlichen Erfahrungen und ihres Humors mit uns. Sie sprach von Menschen, die den Pfad der amerikanischen Ureinwohner imitierten, aber keine wirkliche Verbindung dazu hätten. Sie seien eben keine amerikanischen Ureinwohner, darum könnten sie sich noch so sehr bemühen, dieser Weg sei einfach nicht ihrer. Als sie uns Geschichten über »spirituelle Junkies« erzählte, lachten wir voller Verständnis und Unbehagen, weil wir alle vergleichbare Geschichten kannten und viele Teilnehmer der Gruppe sich auf eine ähnliche Suche gemacht hatten.

Während dieser Sitzung musste ich an einen Cartoon denken, den ich zum Abschluss meines Meistergrades in Reiki, einer Form alternativer Energieheilung, von meinem Meister bekam.

Er war an mein Diplom geheftet und zeigte eine Person, umgeben von den allerneuesten »Spielereien« für spirituelle Heilung und Wachstum. Die Karikatur zeigte Kristalle und Ohrkerzen, farbige Brillen zum Ausbalancieren der Energiezentren, einen Schutzengel, einen Auraverstärker, Reflexzonen-Sandalen, Tarotkarten, einen Stapel Bücher mit trendigen Titeln, geomagnetisch schützende Unterwäsche und stapelweise andere Dinge, die heutzutage populär sind. Auf humorvolle Art wurde ich so daran erinnert, in meinem Zentrum zu bleiben und nicht nach äußeren Quellen der Verbindung zu suchen.

Als ich meine Aufmerksamkeit wieder auf die Schreibgruppe richtete, hörte ich, wie unsere Referentin das Wichtigste mit folgenden Worten zusammenfasste: »Sei wer du bist und nicht wer du sein möchtest.« Mit anderen Worten: Finde einen Übungsweg innerhalb deiner Kultur und deiner Zeit und mache ihn dir zu Eigen. Tiere lehren uns authentisch zu sein. Sie sind in jeglicher Hinsicht unverfälscht und jedes Tier ist einzigartig.

Die Fledermaus mit ihren nahezu tausend verschiedenen Unterarten ist ein verblüffendes Lebewesen. Manche Menschen finden die Fledermaus faszinierend, andere abscheulich – doch auf welche Weise man sie auch wahrnimmt, sie ist ein unverwechselbares Geschöpf und das einzige Säugetier, das tatsächlich fliegen kann.

Fledermäuse sind auf ganz besondere Weise an ihre Umwelt angepasst. Sie verdeutlichen die Vorteile der Flexibilität. Ihre dünnen elastischen Flügelmembranen bestehen aus Haut. Die Arme und langen Finger bilden den oberen knöchernen Rahmen der Flügel, die unten von Beinen und Füßen gehalten werden. Fledermäuse sind dafür bekannt, kopfüber von Höhlendecken oder Ästen und Zweigen herabzuhängen, und sie bewegen sich mit großer Gewandtheit. Wenn wir das Beispiel der Fledermaus nachahmen, können wir die Dinge auf den Kopf stellen und eine einzigartige Perspektive gewinnen, die es uns erlaubt, buchstäblich unsere Flügel auszubreiten, während wir uns in neues Territorium vorwagen.

Fledermäuse sind in der Luft sehr geschickt, sie verlassen sich beim Navigieren auf Echoortung. Dabei stößt die Fledermaus Töne oberhalb des menschlichen Hörvermögens aus, die als Echo zu ihr zurückgeworfen werden. Dies ermöglicht den Fledermäusen, sich im Flug zu orientieren und Beute aufzuspüren. Obwohl sie auch ihre anderen Sinne benutzen, lauschen diese Säugetiere mit ihren großen Ohren, statt sich auf das zu verlassen, was sie sehen können. Wir sollten ebenfalls lauschen, nicht nur auf die anderen, sondern auch auf die innere Stimme, die uns auf gleiche Weise leitet wie die Echoortung die Fledermaus. Wir müssen lernen, auf verschiedene Arten der Führung zu vertrauen und uns der göttlichen Inspiration zu öffnen – sie dringt in unsere Wahrnehmung, wenn wir wirklich zuhören.

Obwohl sie in den verschiedensten Umgebungen leben, stellt man sich Fledermäuse meist als Höhlenbewohner vor. Überall, wo Fledermäuse versammelt sind, fallen große Mengen von Guano an. Diese nährstoffreichen Ablagerungen können genutzt werden, um lebenswichtige Nahrung für das Pflanzenwachstum zu liefern. Was uns das lehren kann? Auch wenn wir vielleicht denken, dass es viel Mist in unserem Leben gibt: Wir können immer noch Dünger daraus machen.

Achtsamkeit zählt

Wenn wir unsere Geschwister aus dem Tierreich beobachten, stellen wir fest, dass sie viel Zeit damit verbringen zu jagen, ihre Jungen zu füttern, ihr Territorium zu schützen und für sich selbst zu sorgen. Es gibt in ihrem Leben jedoch auch beschauliche Zeiten.

Eine der Übungen, die Tiere meisterhaft beherrschen, ist die meditative Aufmerksamkeit. Ich meine damit nicht, dass sie sich hinsetzen und meditieren. Tiere bleiben im Jetzt, ganz egal, was sie tun. Manchmal schlafen sie, doch ansonsten leben sie in einem konstanten Fluss meditativer Momente. Tiere kennen vielerlei meditative Beschäftigungen, z.B. sich in der Sonne entspannen, unter einem Baum im Schatten liegen, die Landschaft betrachten – aber es ist auch die Art und Weise, wie Tiere jeden Moment ihres Lebens leben. Gebet und Meditation können zu jeder Zeit des Tages ihren Platz finden. Wenn alle Menschen so viel Zeit in Kontemplation verbringen würden wie die Tiere, wäre unsere Welt verwandelt.

Der aus Vietnam stammende buddhistische Mönch Thich Nhat Hanh wurde bekannt durch seine Lehre der meditativen Achtsamkeit. Seine Lehre ist einfach: Sei da, wo du bist, und nimm wahr, was du gerade tust. Er lehrt das, was uns die Tiere vorleben. In einem seiner Beispiele spricht er über das Verrichten einfacher Hausarbeiten. Wenn Sie das Geschirr spülen, sollten Sie sich darauf konzentrieren, Geschirr zu spülen. Denken Sie nicht darüber nach, was Sie als nächstes tun werden, beeilen Sie sich nicht, konzentrieren Sie sich ganz darauf, das Geschirr zu spülen. Nehmen Sie einfach wahr, was Sie tun, und machen Sie es so gut, wie es Ihnen in diesem Augenblick möglich ist.

Im Gegensatz zu den Tieren umgeben wir uns ständig mit Geschäftigkeit und Lärm. Fernsehen, Radio und Handys sorgen für ein beträchtliches Maß an Zerstreuung. Dazu kommt der Besuch von Fitness-Clubs, Bars, Sportereignissen, Konzerten und ähnliche Aktivitäten. Sie glauben das nicht? Nehmen Sie einen Notizblock mit und schreiben Sie einen Tag lang auf, wie Sie Ihre Zeit verbringen. Die meisten Menschen wissen gar nicht, wie man sich wirklich entspannt.

Obwohl ich oberhalb eines Adlerschutzgebietes und in der Nähe eines Sees lebe, nehmen sich viele meiner Gäste nicht die Zeit, einem der beiden Beachtung zu schenken. Die meisten Besucher kommen herauf in die Berge und sind hauptsächlich damit beschäftigt, ihren Spaß zu haben. Viele drehen ihre Radios voll auf, statt die Geräusche der Natur auf sich wirken zu lassen.

Meine Bekannten aus der Stadt beschweren sich häufig darüber, wie ruhig es hier ist.

Ich hingegen finde es ziemlich laut hier, mit all den Vögeln, Insekten und Geräuschen, die der Wind in den Bäumen und der übrigen Pflanzenwelt erzeugt. Nachts führen die Kojoten heisere Gespräche und die Waschbären poltern plündernd durch die Nachbarschaft. Morgens werde ich vom Hämmern der Spechte geweckt. Ich empfinde meine Umgebung nie als still. Der hohe Lärmpegel, wenn ich mich in die Stadt wage, ist dagegen ein Schock für mein Nervensystem.

Genauso trifft es mich, wenn ich sehe, wie unterschiedlich die Menschen ihre Prioritäten setzen. Viele legen großen Wert auf das Greifbare und Materielle, aber letztlich ist es viel mehr wert, den Platz zu finden, wo wir wertschätzen, wer wir sind und wie wir uns entwickelt haben. Tiere sehen uns mit ungetrübtem Blick. Ein junger Hund läuft zu jedem hin, um ihm eine Freude zu machen: Für ihn sind alle Menschen gleichermaßen der Aufmerksamkeit und Liebe wert. Wenn wir dahin gelangen, die Welt aus dieser Perspektive zu betrachten, haben wir wirklich etwas erreicht. Den Blickwinkel zu wechseln kann eine spannende Erfahrung sein, denn wir sind zu sehr daran gewöhnt, auf immer denselben eingefahrenen Bahnen durch das Leben zu gehen.

Ich machte diese Erfahrung eines Morgens, als ich mit meinem Hund spazieren ging. Wir wanderten oft zusammen durch den Wald, aber die Dinge, an denen er Vergnügen fand, konnte ich nicht immer sehen. An diesem Morgen steuerten wir nach einem üppigen Schneefall die nahe gelegene Wiese an, und ich sah ihn hin und her sausen. Bevor der Schnee den Boden bedeckt hatte, wusste ich zwar, dass er Witterung aufnahm, aber an diesem Tag lagen die Tierspuren offen vor mir. Überall gab es Pfotenabdrücke von Kaninchen, Eichhörnchen, einem Kojoten und Hunden und Katzen aus der Nachbarschaft. Meine Augen öffneten sich für etwas, das normalerweise nicht sichtbar ist. Klar zeigte sich das, was ich bisher nur geglaubt hatte. Auch meine

Sinne waren geschärft. Ich konnte hören, wie das Eis in der Sonne krachte, wie die Tropfen auf den weißen Teppich unter mir fielen und der Schnee mit sanftem Geräusch von den Zweigen glitt. Mein Blickfeld erweiterte sich und ich teilte die Aufregung meines Hundes, während wir gemeinsam den Spuren folgten. Für mich steht der schlichte Anblick dieser Tierspuren für eine neue Vision.

Wenn wir die Lektionen auf der sechsten Stufe der spirituellen Leiter verinnerlichen, folgen wir dem Beispiel der fliegenden Tiere. Wir achten auf unsere Intuition und unsere Träume, wir breiten unsere Schwingen aus, um neues Territorium zu erforschen. Wenn wir diesen neuen Blickwinkel einnehmen können, sind wir bereit für die siebte Stufe, auf der wir wie der Delfin die Grenzen unseres Geistes erweitern.

7. Der Geist des Delfins

Vom Leben in Harmonie

*F*rühe Morgenstunden auf dem Meer berühren meine Seele. Wenn ich draußen auf dem Ozean bin, erfüllt mich ein tiefes Gefühl stiller, friedlicher Erwartung. Vielleicht ist Wasser deshalb ein Symbol für das Unbewusste oder die tieferen Ebenen von Geist und Gefühl. An diesem besonderen Morgen war das Wasser ruhig und ich konnte schnell die Spuren der Wale ausmachen – große Eindrücke in der Wasseroberfläche, die von den Schwanzflossen eines tauchenden Wals herrührten. Das war ein gutes Zeichen und rasch nahmen wir die Spur mehrerer Meeresriesen auf. Die Wale kamen an die Oberfläche und bewegten sich in einer lockeren Formation. Ein Wal brach immer wieder aus: Er sprang in hohem Bogen aus dem Wasser und tauchte dann mit einem gewaltigen Platschen ins Meer zurück. Es war eine außergewöhnliche Walbeobachtung gewesen, denn wir hatten viele verschiedene Wale gesichtet und eine Reihe von Verhaltensweisen zu sehen bekommen.

Die Oberfläche des Ozeans war glatt, als wir uns von der Walgruppe entfernten, nur unser Boot erzeugte im Vorwärtsfahren eine leichte Brise. Nachdem die frühe Nachmittagssonne die Morgennebel verjagt hatte, glitzerte die Wasseroberfläche wie ein Meer von Diamanten. Erneut breitete sich helle Aufregung unter den Zuschauern aus.

Als ich in Richtung Horizont hinausblickte, sah ich eine große Schule von Delfinen auf das Boot zukommen. Die Delfine tauchten in kleinen Gruppen wellenförmig aus dem Wasser auf und wieder hinein – es waren Hunderte. Bei den kleinen schwarzen, grauen, gelben und weißen Meeressäugern handelte es sich um Gewöhnliche Delfine, Delphinus Delphis. Als sie sich auf gleicher Höhe mit dem Boot befanden, hörte man die Leute an Bord nach Luft schnappen und überrascht aufjauchzen. Ihre Entzückensschreie kündigten jedes Mal an, wenn ein Delfin aus der

Menge ausbrach und rasch am Bug des Bootes unter die Wasseroberfläche tauchte, um sich dann hoch in die Luft zu katapultieren. Jeder an Bord konnte einen Blick auf einen der glänzenden, stromlinienförmigen Delfinkörper werfen. Wie in den alten Legenden schwammen die Tiere uns voran in scheinbar unbekannte Gewässer. Erst als wir uns dem seichteren Wasser rund um die Insel näherten, schossen sie davon, um sich mit etwas anderem zu beschäftigen.

Delfine, besonders die Großen Tümmler, berühren das Herz beinahe jedes Menschen. Seit sie in den 1960er-Jahren durch die Fernsehserie »Flipper« populär wurden, ziehen sie mehr Interesse auf sich als jedes andere Tier. Wir sind fasziniert und bezaubert von ihrem beständigen Lächeln, ihrer geselligen Natur und ihrer unglaublichen Intelligenz. Die Menschen erzählen sich wieder die alten Legenden und lassen sich von all den Geschichten inspirieren, die unserer Begeisterung für diese Geschöpfe entsprungen sind.

Delfine sind unsere Lehrer auf der siebten Stufe der spirituellen Leiter: Sie repräsentieren die höchste Verbindung mit dem Göttlichen. Auf dieser hohen Stufe bekommen wir eine flüchtige Ahnung von Harmonie, Synchronizität und der Bedeutung des Atmens. Delfine zeigen uns, wie wichtig es ist, sich anzupassen, und dass es möglich ist, in einer anderen Dimension zu leben. Allein einen Delfin zu betrachten offenbart uns einen Reichtum an Erkenntnis.

Sie atmen die gleiche Luft wie wir, und doch leben Delfine in einer Umgebung, in der das Überleben nur in völliger Übereinstimmung mit der Natur möglich ist. Die Delfine passten sich ihrem Lebensraum an, indem sie große Gehirne und geschmeidige Körper entwickelten. Ihre geschärften Sinne empfangen Information mittels Vibration und Echoortung. Diese Meeressäuger können in große Tiefen tauchen und dem dort herrschenden Druck standhalten. Sie leben im Einklang mit einer veränderlichen Umgebung und zeigen uns, wie wichtig bewusstes Atmen ist. Wenn es nötig ist, können Delfine schnell und sehr genau navigieren – und finden dennoch immer genug Zeit für Spiele und Scherze.

Ihre starken, wendigen Körper sind perfekt auf die Bewegung im Wasser abgestimmt. Sie zeigen uns, dass auch wir unser Leben so gestalten können, dass die Dinge für uns leichter werden. Wenn unser Körper und unser Geist stark sind, fühlen wir uns wohler und erreichen unsere Ziele. Unser Leben verläuft reibungslos, wenn wir uns darauf einstellen, mit den auftauchenden Schwierigkeiten fertig zu werden. Wir müssen in unserem Leben ein Gleichgewicht finden, indem wir für unsere eigenen Bedürfnisse sorgen, unsere Nächsten unterstützen und uns Zeit für die Begegnungen mit anderen nehmen, die uns Freude und Lebenskraft schenken.

Die Sinne öffnen

Meine ersten näheren Kontakte zu Delfinen hatte ich im Marineland of the Pacific von Palos Verdes, Kalifornien. Dieses Ozeanarium ist eines der ersten seiner Art, das Mitte der 1950er-Jahre ins Leben gerufen und von einer Hand voll Wissenschaftler geleitet wurde. Unter anderem beherbergte es Seeschildkröten, Fische, Muränen, Haie, Rochen und Meeressäuger. Das Meeresleben füllte die Aquarien und bahnte sich seinen Weg in die Köpfe von Kindern und Erwachsenen – viele Leute erfuhren hier zum ersten Mal, dass Delfine und Wale keine Fische, sondern Säugetiere sind.

Mitte der 40er-Jahre begann die Öffentlichkeit auf die hohe Intelligenz und Lernfähigkeit des Delfins aufmerksam zu werden. Arthur Mc Bride, der Direktor des Marineland of Florida, und Donald Hebb, Psychologe an der McGill Universität, beschrieben das große Gehirn dieses Säugetiers und ihre Beobachtungen seines Verhaltens in Gefangenschaft. Nachfolgende

Studien deuteten darauf hin, dass die Größe des Delfingehirns mit seinen einzigartigen Fähigkeiten zur Entschlüsselung von Umweltreizen zusammenhängt.

Auch die »Melone«, so der volkstümliche Name für die rund gewölbte Stirn des Delfins, ist eine Anpassung an seinen Lebensraum. Sie verschafft dem Tier Klarheit, wenn die Dinge undurchsichtig werden: Sie wirkt wie eine akustische Linse. Der Delfin kann ein dreidimensionales Bild erzeugen, indem er durch die Melone Klicklaute zur Echoortung aussendet. Diese Schallwellen werden zurückgeworfen und über den Unterkiefer zum Trommelfell weitergeleitet, wo sie dem Delfin schließlich die Art von Informationen über seine Umgebung liefern, die er weiterverwerten kann.

Delfine sind neugierige Tiere und ständig damit beschäftigt, Informationen zu sammeln. Als wir einmal unterhalb des Delfinbeckens zu tun hatten, klickten und pfiffen die Delfine nach uns. Sie hingen bewegungslos im Wasser und beobachteten uns, kamen nur kurz zum Atmen an die Oberfläche und tauchten dann wieder unter, um uns unter die Lupe zu nehmen.

Wenn wir – wie die Delfine – unsere Geisteskraft einsetzen, beginnen wir, die Situationen und Menschen, die uns begegnen, in all ihren Facetten wahrzunehmen. Auch wenn wir kein Sonar haben, können wir uns doch auf eine Sache fokussieren, um klarer zu sehen. Wir können Informationen sammeln, versuchen, die Dinge aus der Distanz zu beobachten, und auf unsere innere Stimme hören, die uns Botschaften von einer höheren Ebene zuflüstert.

Ich empfange solche Unterstützung gewöhnlich dann, wenn ich draußen in der Natur oder mit einer Routinetätigkeit beschäftigt bin. Ideen oder Antworten auf schwierige Fragen scheinen dann plötzlich in mir aufzusteigen. Manchmal stelle ich auch bewusst eine Frage und warte darauf, dass eine Antwort auftaucht. Viele meiner Freunde behaupten, dass mein »Sonar« dafür verantwortlich ist. Die Wellen gehen hinaus und werden mit der entsprechenden Information zurückgeworfen – aber ich kann diese innere Stimme nur dann hören, wenn mein Gehirn nicht gerade mit aktiver Denkarbeit beschäftigt ist.

Viele spirituelle Praktiken wollen genau diesen Prozess erleichtern: Stilles Gebet hilft uns dabei, die Verbindung mit dem Göttlichen zu suchen, das Singen von Mantren und bewusste Bewegung geben unserer Aufmerksamkeit einen Fokus, Kontemplation oder Meditation fördern die Klärung des Geistes und öffnen unsere Sinne.

Ich bemühe mich, regelmäßig zu beten und meditative Übungen zu machen; am wohlsten fühle ich mich, wenn ich mit Tieren zusammen draußen in der Natur bin. Das Wandern ist eine meiner liebsten spirituellen Übungen, es hat die gleiche Wirkung auf mich wie einige der weiter verbreiteten spirituellen Praktiken.

Bewegung im Einklang

Delfine besitzen hoch entwickelte Sinnesorgane. Wenn man eine Gruppe dieser Tiere beobachtet, sieht man, dass sie sich synchron bewegen. Sie tauchen zusammen ein und wieder auf und ändern unisono ihre Richtung oder ihre Geschwindigkeit. Delfine bewegen sich intuitiv im Einklang miteinander – ein Arrangement, von dem die ganze Gruppe profitiert. In manchen Fällen legen sie altruistisches Verhalten an den Tag und helfen anderen, sogar artfremden Wesen. Das soll nicht heißen, dass Tiere ihr Leben immer auf vorbildliche Weise leben, sie haben auch ihre Unzulänglichkeiten. Es gibt Geschichten von Delfinen, die Menschengestalt annehmen und umgekehrt, und die beliebtesten Delfingeschichten sind jene, in denen Delfine den Menschen helfen. Es gibt aber auch Begegnungen zwischen Delfin und Mensch, die weniger glücklich ausgehen.

Vor vielen Jahren dokumentierte eine Meeresforscherin aus England einige der bekanntesten Delfingeschichten. Sie untersuchte Berichte über die Beziehung einzelner Delfine zu Menschen in den Gewässern von Neuseeland, Florida, Südkalifornien, Costa Rica, Italien, England, Wales, Spanien, Irland, Frankreich, Schottland und den Bahamas. Zu den Tieren, die bekannt geworden sind, gehörte auch ein Delfin, der ursprünglich im Hafen die Runde machte und Booten hinterherjagte.

Im Sommer 1955 schwamm ein weiblicher Großer Tümmler in den Hafen von Hokianga an der Westküste von Auckland, Neuseeland. Opononi war ein freundlicher Delfin, der eine besondere Beziehung zu einem jungen Mädchen entwickelte und mit ihr im Schlepptau rund um die Bucht schwamm. Schon bald kamen Tausende von Besuchern, um diesen zutraulichen Delfin zu sehen und die Ortsansässigen begannen um Opos Sicherheit zu bangen. Die örtliche Regierung erließ ein Gesetz, um den menschlichen Kontakt mit dem Delfin einzuschränken. Kurz darauf wurde Opo tot aufgefunden. Nach einer öffentlichen Beerdigung wurde dem Delfin ein Denkmal gesetzt, das an sein einmaliges Wesen erinnern sollte.

Auch in Australien kommt es häufig zu Begegnungen mit Delfingruppen. Es wird nicht nur von Großen Tümmlern berichtet, sondern auch von durchziehenden Orkas, die schon im 19. Jahrhundert dafür bekannt waren, dass sie den Menschen beim Walfang halfen. Sie arbeiteten symbiotisch mit den Walfängern zusammen, indem sie ihnen die Beute zutrieben. Zu den am häufigsten erwähnten gehören die Delfine von Monkey Mia, einem kleinen Ort in Shark Bay, Australien.

Die Region von Shark Bay ist berühmt für ihre einzigartige Meereslandschaft und ihr Unterwasserleben. In den 1960er-Jahren wurden in dieser Gegend Australiens zum ersten Mal Delfine erwähnt, die den Kontakt mit Menschen suchten. Mindestens drei Generationen wilder Tümmler haben es sich zum Ritual gemacht, diesen kleinen Küstenstreifen nördlich von Perth zu besuchen. Holeyfin, nach dem Loch in ihrer Rückenflosse benannt, war eines der bekannteren Weibchen. Man geht davon aus, dass sie seit den 1970er-Jahren in Monkey Mia gelebt hat, wenn nicht sogar schon früher. Dieser Delfin spielte eine Rolle bei einigen aufschlussreichen Entdeckungen zum Delfinverhalten. Als sie 1995 starb, verriet ihre Zahnanalyse, dass sie ungefähr fünfunddreißig Jahre alt geworden ist.

Gegenwärtig besuchen kleine Gruppen von Delfinen jeden Morgen den Strand von Monkey Mia, um im Flachwasser Kontakt mit Besuchern aufzunehmen – aus Sicherheitsgründen mittlerweile unter der Aufsicht von Nationalpark-Rangern. In anderen Gebieten entlang der Küste können Besucher schwimmen und dabei die Possen und das natürliche Zusammenspiel der Delfine beobachten. Es gibt über diese Geschöpfe immer noch viel zu lernen und Monkey Mia ist seit den frühen 80er-Jahren zu einem der wichtigsten Delfinforschungszentren der Welt geworden. Wissenschaftler führen laufend Studien durch – sowohl über die Delfine, die an den Strand kommen, als auch über die Population von Delfinen, die in einiger Entfernung zur Küste leben.

Obwohl viele Geschichten freundliche Begegnungen schildern, etwa wie Delfine Schwimmer hinter sich herziehen, die sich an ihrer Rückenflosse festhalten, wie sie Menschen in Richtung Küste bugsieren oder wie sie mit Menschen spielen und sie sogar auf dem Rücken reiten lassen, gibt es doch auch weniger positive Beispiele. Es ist schon vorgekommen, dass Delfine Taucher auf dem Meeresgrund festgehalten haben, dass sie Schwimmer und Surfer hinaus aufs offene Meer gestoßen und davon abgehalten haben, wieder an Land zu schwimmen. Es hat sogar Fälle gegeben, in denen sie Schwimmer gerammt und Surfbretter zerschmettert haben. Wenn wir Tiere beobachten, müssen wir eingestehen, dass sie nicht nur ideale Qualitäten verkörpern und uns spirituelle Vorbilder sein können. Manchmal sind sie Negativbeispiele, die uns lehren, sorgsam miteinander umzugehen.

Delfine zeigen uns, wie wir denen, die uns nahe sind, Aufmerksamkeit schenken und zur Harmonie in der Gruppe beitragen können, statt nur auf die Erfüllung unserer eigenen Wünsche oder Bedürfnisse fixiert zu sein. Wenn wir harmonisch zusammenarbeiten, profitieren alle davon. Delfinschulen bewegen sich im Gleichklang, sie schwimmen in Formation und kooperieren auch bei der Jagd.

Wenn wir uns im Einklang mit unseren Lebensumständen vorwärtsbewegen, folgen wir dem Pfad zu einem harmonischeren Leben. Wir wachsen und erweitern unsere Grenzen, wenn wir über uns selbst hinausgehen, um größeren Zielen zu dienen. Selbstloses Verhalten erweckt Mitgefühl und Wohlwollen in anderen Menschen – vielleicht können wir auf diese Weise auch anderen zu mehr Harmonie verhelfen.

Delfine bewegen sich bewusst und zielgerichtet. Sie navigieren schnell und nutzen die Gelegenheiten, die sich ihnen bieten. Viele Delfine ergreifen die Chance, auf der Bugwelle eines Bootes zu reiten, um schneller voran zu kommen. Andere unterbrechen vielleicht einfach ihre Reise, um dieses Vergnügen zu genießen.

Wie auch immer, Delfine zeigen uns Menschen, wie wir mit Intensität vorankommen. Wir können uns entscheiden, uns aus eigenem Antrieb vorwärtszubewegen, wir können aber auch Gelegenheiten nutzen, um innezuhalten und uns am Prozess selbst zu erfreuen – so wird unser Vorwärtsgehen mühelos.

Zeit zu spielen

Obwohl das Leben im Ozean oder als Dressurtier voller Herausforderungen ist, finden Delfine immer Zeit für ihr fröhliches Spiel. Während meiner Anfangszeit im Marineland verlangten meine Delfinfreunde ständig nach meiner Aufmerksamkeit. Es gab ein Delfinbecken in einem Bereich des Parks, in dem das Publikum sich nicht oft aufhielt. Sobald jemand vorbeiging, hoben sich die Delfine bis zur Körpermitte aus dem Wasser, um über den Rand des Beckens blicken zu können und gleich darauf wieder einzutauchen – ein Verhalten, das »Spy-hop« genannt wird. So bekamen sie einen guten Überblick darüber, wer sich in ihrer Nähe aufhielt.

An den meisten Tagen nahm ich mir in den Pausen etwas Zeit für die Delfine, aber manchmal eilte ich nur schnell vorbei auf dem Weg zu meiner nächsten Aufgabe. Fast immer, wenn die Delfine mich entdeckten, flog ein großer bunter Ball aus dem Becken auf mich zu: eine Aufforderung, mit ihnen zu spielen. Sie warfen den Ball mit ihren Schwanzflossen und waren erstaunlich treffsicher.

Sogar an hektischen Tagen verführten mich die Delfine zu ein paar Minuten voller Spaß und Lachen. Ein solches Verhalten finden wir bei jungen wie alten Tieren jeder Spezies. Sie heitern Menschen auf und bringen sie zum Spielen. Viele Tiere ermutigen einen Menschen, der abgelenkt ist, in die Gegenwart zurückzukommen und aufmerksam zu sein – ja, sie fordern es sogar von ihm. Sie führen uns zu unserem wahren Selbst und zu dem, was wirklich wichtig ist.

Eine meiner Bekannten namens Elizabeth war selbstständig und ein wahrer Workaholic. Morgens ging sie ins Büro und wenn sie abends nach Hause kam, fuhr sie den Computer hoch, um noch ein wenig zu arbeiten. Sie aß meistens am Schreibtisch und ihre einzige Abwechslung war das Wochenende, wenn sie nicht ins Büro ging. Dann allerdings machte sie Besorgungen und arbeitete fleißig zu Hause weiter.

Eines Abends, als Elizabeth gerade den Abfall hinausbrachte, tauchte überraschend das Kätzchen Flora auf. »Da war sie auf einmal, diese magere kleine Katze, und suchte im Müllcontainer nach Futter – ich konnte sie doch nicht einfach sitzen lassen«, sagte sie. Flora wurde vom Tierarzt untersucht, bekam eine Fellpflege, nahm an Gewicht zu und die Dinge begannen sich zu ändern.

»Zuerst lag sie nur auf meinem Schoß oder auf dem Fensterbrett in der Sonne«, erzählte Elizabeth. »Aber als es ihr langsam besser ging, wollte sie meine Aufmerksamkeit. Zuerst kam sie an, um sich an meinen Beinen zu reiben, dann wurde sie fordernder, kletterte an mir hoch oder stolzierte über mein Keyboard. Es ist schwer, sich zu konzentrieren, wenn sich Krallen in dein Bein graben. Und es ist unmöglich zu arbeiten, wenn eine Katze deinen Bildschirm blockiert oder sich auf deiner Tastatur breit macht!«

Elizabeth begann sich die Zeit zu nehmen, mit Flora zu spielen. Schließlich legte sie einen kleinen Garten in der Nähe des Fensters an und baute draußen ein Laufgitter für Flora. »Sie motivierte mich dazu, etwas anderes zu tun, als zu arbeiten. Ich genoss es im Garten zu werkeln, also wurde es mein Wochenendprojekt, ihr einen sicheren Platz im Freien zu schaffen. Jetzt mache ich einfach das Fenster auf und sie kann selbstständig ein und aus gehen. Der Auslauf ist so groß, dass auch ich hinausgehen und bei ihr sitzen kann. Ich lese, wir schmusen oder spielen miteinander.«

Tiere sind Lehrmeister mit Humor und Gefühl. Sie teilen ihre Bedürfnisse offen mit, nicht nur das Verlangen nach Nahrung und Wasser, sondern auch ihr Bedürfnis nach Liebe, körperlicher Zuwendung und geistiger Anregung. Delfine in Gefangenschaft sind berüchtigt dafür, dass sie aus allem ein Spiel machen, und auch für ihre spielerischen sexuellen Annäherungsversuche. Sie mögen Intimität. Tiere drücken sich frei aus und ermutigen dadurch ihre menschlichen Gefährten, es ihnen gleich zu tun.

Sich auf das Leben einlassen

Im täglichen Leben habe ich oft beobachtet, wie Menschen am Beispiel ihrer Haustiere lernen, sich zu öffnen und bedingungslos zu lieben. Tiere motivieren passive Menschen dazu, sich ins Leben einzubringen. Sie geben uns Sicherheit und erleichtern es, auf andere zuzugehen und neue Freundschaften zu schließen. Für Menschen mit »Bindungsangst« sind sie die Chance für eine erste Bindung – wie die Hündin Samantha, die ihrem Freund Tom eine gute Lehrerin war.

Tom war ein einsamer Mann, der sich selbst absonderte, um nicht wieder verletzt zu werden. Er blickte auf eine gescheiterte Ehe und zerbrochene Freundschaften zurück und hatte das Gefühl, ein Fremder innerhalb der eigenen Familie zu sein. Er wurde zum Einsiedler, indem er massive Zäune um sein Grundstück errichtete, die ihn symbolisch und auch ganz konkret vor der Außenwelt abschirmten und schützten. Die meiste Zeit werkelte er rund um sein Haus und im Garten herum. Gelegentlich wagte er sich auch nach draußen, um seine Familie zu besuchen oder zur Kirche zu gehen. Dann »adoptierte« ihn Samantha und veränderte sein Leben.

Samantha war ein kleiner schwarzer Hund mit einem übermütigen Wesen. Sie liebte es, ausgelassen durch die Felder zu rennen und herumzutollen. Und sie liebte Tom von ganzem Herzen. Schon bald begann Tom gegen seinen Willen andere Hunde und ihre Besitzer zu treffen. Anfangs wand er sich noch bei solchen Begegnungen, aber schließlich begann er sich darauf zu freuen. Manchmal schloss er sich anderen Hundebesitzern für den Rest ihrer Runde an. Ab und zu schauten seine neuen Freunde bei ihm herein, um ihn und Samantha zum Spazierengehen abzuholen, und schließlich wurden aus diesen einfachen Einladungen gemeinsame Grillausflüge und andere Unternehmungen.

Auf diesen Ausflügen lernte Tom eine Frau kennen, die er versuchsweise in seine Welt hereinließ. Obwohl diese Beziehung nicht von Dauer war, blieben die beiden befreundet. Er sagte: »Ich war noch nicht bereit, mich wirklich zu öffnen, weil ich so verängstigt war. Aber es war ein guter Schritt für mich, und ich fühle mich dazu bereit, es wieder zu versuchen. Mir wurde klar, dass ich in Wirklichkeit nicht allein sein will und gerne mein Leben mit jemandem teilen würde. Ohne Sam wäre das vermutlich nicht passiert.«

Tiere können uns vieles lehren, aber eines der wichtigsten Dinge ist, dass sie uns daran erinnern im Moment zu leben und in unser Herz zurückzukehren, wenn wir uns im Labyrinth unseres Verstandes verloren haben.

Zu meinen Lieblingsplätzen in Südkalifornien gehört ein mehr als 10 km langer Strand. Von einem Tag auf den anderen kann sich das Gelände drastisch verändern – durch den Einfluss von Wind, Gezeiten und anderen Ereignissen entlang der Küste. Wenn ich gehe, ist es immer mein Ziel, ganz im Augenblick gegenwärtig zu sein. Ich versuche, einfach nur da zu sein und die Struktur des Sandes zu fühlen, die Wärme der Sonne oder die Feuchtigkeit der Luft. Und doch verliere ich mich immer wieder in meinen Gedanken, wenn ich so am Strand auf und ab schlendere.

Eigentlich tauchen jedes Mal, wenn ich in dieser Gegend bin, die Delfine auf. Bei einem Besuch aber konnte ich kein einziges Meerestier entdecken. Die Wasservögel waren meine einzige Gesellschaft. Die Brandung war genauso so heftig wie die Probleme, mit denen ich gerade zu kämpfen hatte, und vor mir türmten sich die Wellen. Stundenlang saß ich grübelnd am Ufer und versuchte, irgendeinen Trost in meiner Umgebung zu finden. Am letzten Tag meiner Reise, nachdem ich meinen Abschiedsspaziergang gemacht hatte, bat ich um das Auftauchen der Delfine.

Plötzlich näherte sich mir eine mächtige Reihe von Wellen. Als die zweite große Welle drohend vor der Küste aufragte, entdeckte ich sie. Vier Große Tümmler begannen Seite an Seite die Welle hinabzureiten. Während ich sie verblüfft anstarrte, konnte ich jeden Zentimeter ihrer riesigen Rücken sehen. Einen Moment lang schwebten sie inmitten der Dünung, im nächsten Augenblick waren sie verschwunden. Mit der nächsten Welle tauchten sie direkt vor mir wieder auf. Diese Momente sind in meine Erinnerung eingebrannt, sie waren atemberaubend. Dann, ebenso plötzlich wie sie gekommen waren, waren die Delfine verschwunden.

Wie meine Situation war auch die Dünung nur Zeichen eines vorübergehenden Sturmes. Die Delfine erinnerten mich daran, auf den Wellen zu reiten und einen Weg zu finden, entweder mit ihnen oder mitten hindurch zu gehen. Ich konnte versuchen, dem Chaos ein bisschen Spaß abzugewinnen, oder ich konnte mich entscheiden, so damit umzugehen, dass es mich am schnellsten weiterbrachte. Wir alle können lernen, das Vorbild der Tiere für unser eigenes Leben zu nutzen – wenn wir ihnen Beachtung schenken.

Manchmal sind es die Haustiere, die uns die wichtigsten Lernbeispiele geben. Auf einer meiner langen Strandwanderungen begegnete ich einem Paar mit einem Hund namens Rotti. Sie erzählten mir seine Geschichte, die deutlich macht, wie uns Tiere ein Vorbild für Mut, Akzeptanz und Abenteuerlust sein können.

Rotti ist ein großer Rottweiler, dessen Leben bereits zu Beginn sehr bedroht war. Noch bevor er acht Wochen alt war, zog Rotti sich eine Parvovirus-Infektion zu – eine Krankheit, die für viele junge Hunde tödlich ausgeht. Er überlebte nur knapp. Als er erneut erkrankte, dachten seine neuen Besitzer, er werde es nicht überstehen. Sie waren sehr umsichtig und gaben sich alle Mühe, ihn vor Dehydrierung zu schützen. Wochenlang war der Welpe still und lustlos. »Wir hatten Angst, ihn irgendwohin mitzunehmen«, berichteten sie. »Er war so klein und hatte so vieles durchgemacht. Aber er hatte auch den Lebenswillen, um es zu überstehen. Er hat alles ruhig hingenommen.«

Schließlich wagten Rotti und seine Familie sich hinaus an den Strand, wo er vom ruhigen Welpen zum abenteuerlustigen Junghund aufblühte. »Er liebte es einfach, am Strand zu sein. Er jagte

Vögel, und jedes Mal, wenn ein Hund oder ein Mensch vorbeikam, rannte er hin, um ein Spiel anzufangen. Wenn jemand Ball spielte, war er sofort dabei. Er kämpfte und tollte mit anderen Hunden umher und stiftete sie zum Fangenspiel an. Immer hatte er irgendetwas zu erforschen. Als er das erste Mal ins Wasser ging, lernte er das Meer von seiner harten Seite kennen, aber schon bald darauf schwamm er mit uns zusammen in den Wellen.«

Rotti versuchte sich einer Gruppe von Delfinen anzuschließen, aber es gelang ihm nicht, die Wellen zu besiegen. Also ließ er sich am Ufer nieder und gab laut bellend seiner Frustration Ausdruck, als die Gruppe an ihm vorbeischwamm. Die Delfine lebten vor der Küste und obwohl sie sich Zeit zum Spielen nahmen, waren sie ernsthaft mit der Futtersuche beschäftigt.

Delfine kennen viele verschiedene Jagdmethoden. Manchmal haben sie Erfolg, indem sie sich auf Vibrationen konzentrieren, ein anderes Mal, indem sie Fischschwärme einkreisen, ihre Beute kräftig mit den Schwanzflossen schlagen oder sie in einem abgeschlossenen Bereich einkesseln. Sie benutzen immer die Methode, die der jeweiligen Situation und dem besonderen Zeitpunkt angemessen ist.

Sie lehren uns, nach der richtigen Strategie zu suchen und flexibel zu reagieren. Vielleicht fordern die Umstände von uns, dass wir einen Weg suchen, mit einem geliebten Menschen zu kommunizieren, oder dass wir eine schwierige Situation in der Arbeit angehen. Vielleicht müssen wir uns auch nur Unterstützung holen. Die Delfine lehren uns, aus unseren Erfahrungen zu lernen und die Hilfe und das Wissen von anderen in Anspruch zu nehmen. Uns an ihnen ein Beispiel zu nehmen, kann uns helfen, die beste Lösung zu finden.

Vergiss nicht zu atmen!

Den besten Weg zu suchen und im Leben flexibel zu sein erfordert Aufmerksamkeit. Der Delfin zeigt uns, wie man in die Tiefe vordringen und großem Druck standhalten kann. Beim Hinabtauchen machen Delfine eine körperliche Veränderung durch. Ihre Körper geben dem Druck der Umgebung nach und passen sich an. Wenn sie wieder auftauchen, leeren sie ihre Lungen und holen tief Luft.

Wir sind in unserem Leben häufig großem Druck ausgesetzt. Ihm zu widerstehen erfordert Achtsamkeit. Egal, ob dieser Druck durch Lasten entsteht, die wir uns selbst aufladen, oder ob es Verantwortlichkeiten gegenüber anderen Menschen sind: Wir müssen uns damit auseinandersetzen. So wie die Delfine passen wir uns der jeweiligen Situation an, um schließlich zu unserer ursprünglichen Form zurückzukehren. Im Rahmen der spirituellen Entwicklung können wir vielleicht sogar über die Situation und unser altes Selbst hinauswachsen. Wie auch immer, der Delfin erinnert uns daran, tief zu atmen. So wie der Delfin können auch wir uns mithilfe des Atems reinigen und verjüngen.

Atem ist für den Delfin gleichbedeutend mit Leben. Delfine müssen an die Oberfläche kommen und sich jederzeit ihres Atmens bewusst sein, andernfalls würden sie ertrinken. Daher muss ein Delfin immer aufmerksam sein, sogar während des Schlafes.

Viele spirituelle Praktiken fordern dazu auf, sich auf den Atem zu konzentrieren. Als ich in einem Gebetskreis mitarbeitete, begannen wir immer damit, zuerst tief und bewusst zu atmen. Viele Meditationsgruppen tun das Gleiche. Wenn wir unter Stress stehen, erinnern uns unsere Freunde daran, tief durchzuatmen. Um achtsam zu sein und uns zu verbinden, brauchen wir den Atem! Es gibt auch noch andere Wege, auf denen wir nach Verbindung suchen: die Inspiration durch Kunst, Bewegung und andere schöpferische Tätigkeiten.

Wie wir aus altertümlichen Fresken, Mosaiken, Skulpturen und Gebrauchsgegenständen ersehen können, waren verschiedene Kulturen von den Meeressäugern fasziniert. Die prähellenistischen Kreter verehrten Delfine als Götter, die alten Griechen erbauten ein Heiligtum zu Ehren eines Delfingottes und die Maori in Neuseeland glauben daran, dass Delfine Boten der Götter sind. Manch ein Mythos aus alter Zeit handelt von Menschen, die sich in Delfine verwandeln und umgekehrt.

In Tuvalu, einer kleinen polynesischen Inselgruppe, gibt es eine Legende über einen Plantagenbesitzer, der einen Delfin heiratete. Die Geschichte beginnt damit, dass ein Mann versucht herauszufinden, wer in seine Pflanzungen eindringt und die jungen Blätter seiner Kokospalmen stiehlt. Er entdeckt, dass die Plünderungen immer bei Vollmond stattfinden. Als der nächste Vollmond aufgeht, liegt er auf der Lauer und beobachtet, wie einige junge Leute die Blätter stehlen, um zeremonielle Röcke daraus zu machen. Er verfolgt die jungen Männer und Frauen bis an den Strand und bekommt eines der jungen Mädchen zu fassen. Die anderen stürzen sich ins Meer und während sie in die Wellen tauchen, verwandeln sie sich in Delfine.

Er kehrt mit dem Mädchen in sein Dorf zurück und heiratet sie. Im Lauf der Jahre bekommen sie zwei Kinder. Todunglücklich, so lange Zeit an Land festgehalten zu werden, bittet sie darum, zu ihrer Familie im Meer zurückkehren zu dürfen. Nachdem sie von ihrer menschlichen Familie Abschied genommen hat, schwimmt sie davon, um sich den Delfinen anzuschließen, die in der Ferne auf sie warten. Die Kinder aus dieser besonderen Verbindung sind stark und weise. Durch die Unterweisungen ihrer Mutter werden sie zu den besten aller Fischer. Hier endet die Legende.

Die Vorstellung von einer Verwandlung oder vom Annehmen einer Tiergestalt taucht in den Überlieferungen vieler Völker auf. Die Ureinwohner vieler Länder kennen die Vorstellung, dass ein Mensch mit einem Tier eins wird und die Wesensmerkmale oder den Geist des jeweiligen Tieres annimmt. Häufig benutzen sie Totems, Masken oder Kostüme, um diese Verbindung zu erleichtern.

Schamanen, Priester und Priesterinnen und andere Berater des Stammes sind traditionell die Wächter heiligen Wissens. Sie bewahren das Wissen über Rituale zur Verleihung besonderer Kräfte und zur Belebung von Energien, die von der Gemeinschaft oder einem Individuum benötigt werden. Diese Zeremonien haben eine wichtige Funktion, denn sie offenbaren, wie Menschen sich mit den natürlichen Rhythmen des Lebens verbinden können. Das Anlegen von Tierhäuten und Masken ist dabei Symbol für die erstrebten Gaben.

Die Delfinlegende aus Tuvalu rührt an das Thema schamanischer Gestaltenwandlung, wie sie auch in anderen alten Märchen und Mythen beschrieben wird. Diese Geschichten lehren uns, unsere Energien so zu lenken, dass wir auf bestimmte Qualitäten zurückgreifen können, wenn wir sie brauchen. Manchen Menschen mag das primitiv oder dumm erscheinen, in Wirklichkeit aber geben uns diese Geschichten über Gestaltenwandlung wichtige Hinweise darauf, wie wir unsere Energien so verwandeln können, dass wir unseren täglichen Herausforderungen gewachsen sind.

Wenn wir uns überfordert fühlen, müssen wir nach der Kraft in uns suchen. Wenn wir lustlos sind, suchen wir nach einer Quelle, die uns belebt. Wenn wir offen genug sind, um im Symbolgehalt die alte Weisheit zu erkennen, können wir diese Geheimnisse für unsere Entwicklung nutzen.

Viele Verhaltensweisen von Tieren erinnern uns daran, uns wieder mit der Natur zu verbinden. Wir haben diese Verbindung so sehr verloren, dass unsere Seelen leiden. Wir haben uns entfernt von unserer natürlichen Umwelt und den Elementen, von unserer einstigen Ehrfurcht vor dem Leben, von der intimen Verbindung zu unserem eigenen Selbst und von der göttlichen Einheit, nach der wir uns sehnen. Mithilfe der Tiere und dem, was sie uns lehren, können wir von der Angst zum

Vertrauen finden, vom Zorn in die Liebe und von der Trennung zur Einheit.

Mein Weg hat mich Geschöpfen aus allen Lebensräumen nahe gebracht und ich habe zu einer Vielzahl von Tieren eine Beziehung aufgebaut. Jedes Tier erwies sich als Lehrer, jede Begegnung als Lernerfahrung. Als ich glaubte unbesiegbar zu sein, lehrte mich ein Tiger, dass ich nicht mehr als eine Stoffpuppe wäre, wenn er es so wollte. Ein Bär zeigte mir, dass man große Kraft mit Zurückhaltung einsetzen kann, und ein Geier lehrte mich, dass die äußere Erscheinung ein liebevolles Herz und ein außergewöhnliches Wesen verbergen kann.

In diesem Buch haben Sie einen flüchtigen Blick auf das Leben und die Gewohnheiten einiger erstaunlicher Tiere geworfen. Doch um wirklich zu wachsen und zu einem intuitiven »Bauchwissen« zu finden, müssen Sie lernen, Ihre eigene Beziehung zu Tieren zu entwickeln. Im nächsten Kapitel werden Sie erfahren, wie Sie durch das Zusammenleben mit Tieren Kraft schöpfen können.

8. Die Weisheit der Eule

Ein kleiner Knigge für
Tierfreunde

Meine Begegnung mit zwei amerikanischen Ureinwohnern erschien mir zunächst nicht besonders ungewöhnlich.
Allerdings bemerkte ich eine Eule – eigentlich ein Nachtvogel –,
der es gefiel, im Laufe des Gespräches immer wieder über uns
hinwegzufliegen. Am selben Abend noch tauchte an meinem
Haus, viele Kilometer weit entfernt, eine Eule auf und rief vor
meinem Fenster. Doch damit nicht genug: In dieser Nacht begegneten mir die Eulen und andere gefiederte Boten auch in
meinen Träumen. Als ich am nächsten Morgen eine Eulenfeder
in meinem Hof fand, stand für mich fest, dass das Auftauchen
von Eulen im wirklichen Leben und in meinen Träumen mich
zur Vorsicht mahnte.

Im alten Griechenland wurde die Eule mit höherer Weisheit
in Verbindung gebracht. Sie spielt in vielen Sagen und Legenden
eine Rolle, die Geschichten über das Hellsehen und Hellhören
der Eulen deuten auf ihr scharfes Seh- und Hörvermögen hin.
Die großen Augen der Eule nehmen allerfeinste Bewegungen
wahr. Sie dreht den Kopf in einem großen Bogen und kann so ein
weites Feld überblicken. Dieser Raubvogel ist fähig, still zu beobachten und lautlos zu fliegen, was ihn zu einem großen Jäger
macht. Die Eule verschlingt ihre Beute vollständig und würgt
später Teile ohne Nährwert wieder aus –kleine Häufchen aus
Knochen und Fell, die man Gewölle nennt.

Um in Ihrem Leben anzuwenden, was Sie beim Aufstieg auf
der Leiter des Bewusstseins gelernt haben, müssen Sie dem
Beispiel der Eule folgen. So wie die Eule müssen Sie Ihre Beo-
bachtungsgabe nutzen, flexibel bleiben, sich aneignen, was Sie
brauchen und den Rest sein lassen. Sie können die Leiter immer
wieder hinauf- oder hinuntersteigen, um die Lektionen noch
einmal Revue passieren zu lassen. Haben Sie den Aufstieg aber
einmal beendet, dann können zusätzliches Wissen und weitere

Übungen Sie den Tieren in Ihrem Leben näher bringen und Ihr Verständnis für Tiere vertiefen. In diesem Kapitel finden Sie das nötige Handwerkszeug.

Tiere mit anderen Augen sehen

Eines der größten Hindernisse in der Beziehung des Menschen zu Tieren ist seine Ignoranz – in Bezug auf ihre Intelligenz, ihre Lernfähigkeit und ihr Gedächtnis. Jeder Teil unserer Welt ist mit allen anderen verbunden. Erst kürzlich entdeckte Arten von Säugetieren, Vögeln und Insekten machen deutlich, dass wir längst nicht alles über die Natur wissen. Wir müssen für unseren Planeten Sorge tragen, wenn wir uns nicht mit ihm zusammen selbst zerstören wollen.

Tiere berühren einen Bereich in unserer Seele, ein tiefes Zentrum, zu dem wir bewusst oder unbewusst hinstreben. Das ist der Grund, weshalb Menschen von Wildtieren fasziniert sind. Die Kaninchen oder Eichhörnchen, die wir in den Wäldern oder Parks antreffen, erregen unser Interesse. Ohne zu wissen, wie wir diese Tiere erreichen können, locken wir sie mit Futter – aber das ist nicht die Verbindung, nach der wir eigentlich suchen.

Wenn Sie sich von meinen bisherigen Beispielen inspirieren lassen, sind Sie bereits auf dem Weg, eine Verbindung zu Tieren herzustellen. Es ist wichtig, offen und ohne Vorurteile zu sein. Ein weiterer wesentlicher Punkt ist, Tiere nicht länger als »minderwertig«, sondern als göttliche Geschöpfe zu betrachten. Tiere offenbaren uns mehr, wenn wir sie mit Respekt behandeln und nicht aufhören, sie zu beobachten, um von ihnen zu lernen. Menschen, die sich die Mühe machen, Tiere mit anderen Augen zu betrachten, stellen fest, dass sich auch ihre Beziehung zur Natur und zu anderen Menschen vertieft.

Bedauerlicherweise beschreitet nicht jeder von uns neue Wege. Im Bereich des Tiertrainings finden wir immer noch Methoden, die von mangelndem Verständnis und Mitgefühl zeugen. Es ist weder notwendig, ein Tier zu irgendetwas zu zwingen, noch ihm ständig Belohnungen zu geben. Viele Tierhalter erkennen weder die Ursache für ein Fehlverhalten ihres Tieres, noch wie sie das Problem lösen können – so kann es vorkommen, dass die Beziehung zwischen einem Tier und seinem Halter ernsthaft Schaden nimmt.

Mit Konventionen brechen

Mein Freund John war mehrere Jahre lang in einem Team, das Hindernisrennen für Spürhunde organisiert. In solchen Wettbewerben jagen die Tiere durch einen Hindernisparcours und versuchen, einen Gegenstand, der den Geruch seines Besitzers an sich trägt, aufzuspüren und zu apportieren, bevor ihre Mitstreiter es tun. Einer von Johns jungen Hunden machte seine Sache sehr gut. Da es ein sehr reizempfindlicher Hund war, riet ich John, ihm auf keinen Fall ein Würgehalsband anzulegen. Der Gruppenzwang und die »Spielregeln« brachten ihn aber schließlich doch dazu, ein solches Halsband zu verwenden. Sobald sein Hund Härte und Bestrafung erfuhr, geriet er in eine Abwärtsspirale. Seine bis dahin großartigen Leistungen wurden schwächer und das Rennen machte ihm keine Freude mehr.

John hatte dem Druck der Konventionen nachgegeben und auf den gut gemeinten Rat von Menschen mit begrenzter Erfahrung gehört. Dieser Rat richtete einigen Schaden an, der aber zum Glück nicht von Dauer war. Durch unsere konzentrierten Bemühungen und den Einsatz humanerer Trainingsmethoden wurde Johns Hund wieder der alte.

Tierbesitzer haben eine ziemlich gute Vorstellung davon, was ihre Tiere motiviert. Manchmal liegen sie auch daneben, aber oft genug treffen sie intuitiv genau ins Schwarze. Menschen mit Tieren müssen wissen, dass sie von Normen abweichen dürfen. Viele Menschen holen keinen Rat ein, der über die Meinung ihrer Freunde oder über herkömmliche Trainingsmethoden hinausgeht.

An einem meiner Trainingskurse nahm ein sehr glücklicher Golden Retriever teil. Ich fand, dass der Hund sich in der Hundeschule großartig machte, aber seine Besitzerin war anderer Meinung – sie war unzufrieden damit, wie er an der Leine ging, kam auf mich zu und erklärte mir ihre Bedenken.

»Lucky hat immer seine Leine in der Schnauze. Ich kriege ihn nicht dazu, sie loszulassen.«

»Oh«, antwortete ich. »Haben Sie vielleicht vor, ihn bei einem Wettbewerb vorzuführen?«

»Nein.«

»Beschädigt er die Leine?«

»Nein, das nicht.«

»Haben Sie ein Problem damit, dass er die Leine im Maul hat? Anscheinend ist er doch glücklich dabei, wenn er Ihnen helfen kann, die Leine zu tragen.«

»Na ja, ich persönlich habe auch kein Problem damit. Aber er sollte so etwas doch nicht tun, oder?«

An diesem Punkt begriff ich ihre Sorge. Ich erklärte ihr, das Ziel des Unterrichts sei es, gut erzogene, glückliche Hunde und freudige Besitzer hervorzubringen. Anders als bei einem Wettbewerb sei es hier in Ordnung, wenn sie den Hund weiter die Leine tragen ließ. Wenn sie sich damit unwohl fühlte, könnten wir sein Verhalten auch ändern. Lucky war jedoch so zufrieden und glücklich, dass ich es für das Beste hielt, es ihm nicht zu verbieten. Von nun an konnte sie sich am klugen Verhalten ihres Hundes erfreuen. Meine »Erlaubnis« hatte sie von ihrer Sorge befreit. Luckys Verhalten fügte niemandem einen Schaden zu, und weil er kein Wettbewerbshund war, spielte es wirklich keine Rolle. Es ist in Ordnung, in der Beziehung zu seinen Tieren neue Wege zu gehen, solange dadurch niemand verletzt wird. Und es ist genauso in Ordnung, anders zu handeln, als »es zu sein hat«.

Grundformen des sozialen Verhaltens bei Tieren

Die Menschen lassen sich nach ihrem Verhalten in verschiedene Persönlichkeitstypen einteilen. Eine der Persönlichkeitstheorien, die sich über längere Zeit gehalten hat, stammt von Galen, einem griechischen Arzt. Er klassifizierte Persönlichkeitsmerkmale nach den Körpersäften: sanguinisch (Blut), cholerisch (gelbe Galle), phlegmatisch (Schleim) und melancholisch (schwarze Galle). Auch wenn diese Vorstellung ein bisschen archaisch anmutet, hatte sie doch einigen Einfluss auf die moderne Theoriebildung.

Alfred Adler, ein Arzt und Psychoanalytiker, setzte diese Grundtypen in Beziehung zu seinen vier Persönlichkeitskategorien. Selbst heute noch verwenden Verhaltensexperten und Personalfachleute die gleichen Persönlichkeitskategorien unter anderen Namen. Interessant ist, dass wir die gleichen vier Grundformen auch bei Tieren erkennen können.

So wie der Mensch weist auch jedes Tier persönliche Charakterzüge auf, die je nach Individuum und Art oder Rasse variieren. Ich würde gerne behaupten, dass ich diese Entdeckung gemacht habe, aber schon Ivan Pavlov (berühmt durch seine Experimente mit dem klassischen Konditionieren, in denen der Speichelfluss von Hunden aktiviert wurde, sobald sie den Klang einer Glocke hörten) benutzte Galens Theorie. Er beschrieb damit den Charakter von Hunden, als er 1927 seine Arbeit über die konditionierten Reflexe vorstellte. Bevor ich Pavlovs Artikel las, verwendete ich zur Einteilung der Tiere meine eigenen Bezeichnungen, die ich Ihnen an dieser Stelle vorstellen möchte. Diese Kategorien sind auf alle Tiere anwendbar, und jedes Tier kann Merkmale aus mehr als einer Kategorie aufweisen.

Ich begann 1990 mich mit den Grundformen sozialen Verhaltens bei Tieren zu beschäftigen. Das Wissen über die menschlichen Persönlichkeitstypen kam mir sowohl bei meiner Arbeit mit Tierbesitzern wie auch bei meinen Personalführungsaufgaben zugute. Darum ging ich davon aus, dass ein Nachweis der gleichen Tendenzen bei Tieren die Erfolgsaussichten für das Training jeder Art von Tieren erhöhen würde. Im Folgenden stelle ich die Kategorien mit den Bezeichnungen vor, die ich zur leichteren Identifizierung der Tiertypen selbst gewählt habe. Wie wir Menschen auch, trägt jedes Tier Spuren mehrerer Kategorien in sich.

Hypersensitiv

Wenn sie einmal beunruhigt sind, hören hypersensitive oder überängstliche Tiere auf, normal zu reagieren. Diese Tiere brauchen Führung durch ein anderes Tier oder einen Menschen. Sie lernen langsam und arbeiten am besten, wenn man ihnen ruhige, klare Anweisungen gibt und in kleinen, wohl überlegten Schritten vorgeht. Strenge funktioniert bei ihnen ebenso wenig wie übertriebene Beruhigungsversuche – sie machen dicht, sind nicht mehr leistungsfähig, im schlimmsten Fall reagieren sie panisch. Für diese Tiere sind eine ruhige, vorhersagbare Routine und sanfte Trainingsprogramme besser geeignet.

Zu den körperlichen Merkmalen dieser Tiere gehören längliche Gesichtszüge und eine schmale Gestalt. In dieser Gruppe finden wir angstaggressive Hunde, Tiere die sich vor neuen Menschen oder Erfahrungen zurückziehen, sowie Tiere, die angreifen, sobald sie in eine Ecke getrieben oder eingesperrt werden. Sie sind langsam oder zögerlich, möchten gefallen und sind extrem anhänglich.

Dominant

Lebhafte, dominante Tiere probieren ständig aus, wie weit sie gehen können. Sie lernen schnell und streben nach der dominanten Rolle innerhalb des Haushalts oder der Tiergruppe. Manchmal sind sie vielleicht aggressiv oder dickköpfig, aber mit der richtigen Anleitung werden sie zu großartigen Gefährten oder Arbeitstieren. Wenn sie keine Führung erhalten, können sie einem ganz schön zu schaffen machen. Für diese Tiere sind abwechslungsreiche, nicht vorhersagbare Trainingssitzungen gut geeignet. Wenn man sie lässt, »trainieren sie den Trainer« oder leisten nur das Nötigste. Ausdauer und Beharrlichkeit sind für den Erfolg mit diesen Tieren ausschlaggebend.

In dieser Kategorie finden wir oft einen strammen, muskulösen Körperbau. Diese Haustiere sind angriffslustig und spielen ihren Menschen gegenüber gerne den Chef. Dazu gehören moderate bis extreme Verhaltensweisen: Sie stupsen uns als Aufforderung zum Spiel, rennen als Erster durch die Tür, fordern lautstark Futter oder rempeln uns mit dem ganzen Körper.

Gelassen

Vertrauensvolle, gelassene Tiere sind immer willig, ihr Bestes zu geben, besonders wenn man ihnen einen Anreiz gibt. Sie tauchen selten in Trainingskursen auf, da sie von sich aus kooperieren und wenig Probleme bereiten. Ihre Halter beschreiben sie mit Worten wie: »Mein Tier ist ein Engel, wir haben nie irgendwelche Schwierigkeiten mit ihm.« In gemischten Gruppen exotischer Tiere sind es die Selbstsicheren oder diejenigen mit mehr Erfahrung. Sie scheinen nie außer Kontrolle zu geraten.

Was ihre körperlichen Eigenschaften angeht, weisen diese Tiere statt der angespannten Muskulatur einen gesunden Glanz und vollere Züge auf. Die Kommunikation mit ihnen ist leicht und flüssig. Nach entsprechendem Training passen viele außer Kontrolle geratene Tiere mitsamt ihren Besitzern in diese Kategorie.

Überangepasst

Diese sensiblen Tiere sind sehr leicht ansprechbar und reagieren schnell, sie möchten gefallen und können viele Verhaltensweisen rasch erlernen. Sie erbringen im Training gute Leistungen und ihr Verhalten kann durch subtile Reize ausgelöst werden. Mit unserem Augenkontakt, der Körperhaltung und (positiver oder negativer) verbaler Zuwendung können wir überangepasstes Verhalten augenblicklich verstärken.

Diese Tiere sind eher klein und zart gebaut. Sie lernen und reagieren schnell und meistern auch schwierige Aufgaben. Von ihren Menschen brauchen diese Tiere viel liebevolle Aufmerksamkeit, denn sie antizipieren unsere Erwartungen und reagieren entsprechend.

Das Einmaleins der Tier-Etikette

Wenn Sie nun die Charaktermerkmale der Tiere deutlicher wahrnehmen können, sollten Sie sich Zeit nehmen, um den »Knigge« der Tiere kennen zu lernen. Wenn man die sozialen Spielregeln beachtet, kann man gute, ausgewogene und vertrauensvolle Beziehungen zu Tieren aufbauen. Ob ein Tier sich wünscht, mit einem Fremden zu tun zu haben, der den Kontakt mit ihm erzwingen will? Die Antwort lautet: Nein. In Wirklichkeit nehmen Tiere viele menschliche Fehler einfach gnädig hin.

Menschen, die Tiere nicht mögen, scheinen immer die meiste Aufmerksamkeit von ihnen zu bekommen. Haben Sie sich schon einmal nach dem Grund dafür gefragt? Solche Menschen zwingen den Tieren den Kontakt nicht auf, darum gehen Tiere auf sie zu, um eine Beziehung anzubahnen. Zufällig befolgen diese desinteressierten Menschen nämlich die richtigen Spielregeln für artenübergreifende, also Mensch-Tier-Beziehungen.

Beobachten und Zuhören

Viele Menschen hören beim Sprechen auf, die feineren Signale wahrzunehmen. Tiere kommunizieren anders als wir. Sie benutzen subtile Kommunikationsmittel wie Körpersprache, Haltung, Position und Bewegung. Solange andere Tiere die richtigen Umgangsregeln einhalten, ist alles in Ordnung – wenn diese Regeln aber verletzt werden, gibt es Ärger. Die meisten Tiere geben durch ihre Lautäußerung oder Haltung Signale, um andere zu warnen, wenn die Grenze überschritten wurde.

Tiere haben Begrüßungsrituale. Hunde beschnüffeln sich gegenseitig, Nase an Schwanz, und tauschen dann die Position. Das ist sozusagen ihr »Händeschütteln«. Das Einhalten guter Umgangsformen führt dazu, dass sie sich anfreunden, miteinander spielen oder sich auf harmonische Weise wieder trennen. Manchmal verderben die Menschen ihnen die Begegnung, indem sie während des Rituals mit den Hunden sprechen, heftig an der Leine ziehen und keinerlei Warnsignale respektieren oder überhaupt wahrnehmen.

Jede Tierart hat ihre eigenen Regeln. Schauen wir uns die Menschenaffen an – eine wichtige Verhaltensregel ist bei ihnen, dem anderen nicht direkt in die Augen zu starren. Ein solches Verhalten gilt als grob oder bedrohlich und wer das missachtet, wird bestraft. Es gibt eine Zähne zeigende Grimasse, die auf Furcht hindeutet, während ein anderes zähnebleckendes Grinsen eine offene Drohung darstellt. Direkte Annäherungen werden ebenfalls missbilligt. Es ist wichtig, die feinen Nuancen im Verhalten zu erkennen.

Ein Zoo, für den ich arbeitete, beherbergte eine Gruppe von Primaten, die dafür berüchtigt waren, ihren Wärtern das Leben schwer zu machen – wenn sie den Käfig betraten, griffen die Affen nach ihren Haaren, Kleidern oder Werkzeugen. Nachdem ich mit einer Gruppe von Wärtern im Primatenkäfig gearbeitet hatte, erhielt ich ein unerwartetes Kompliment – zum ersten Mal war das Personal nicht von den Tieren belästigt worden.

Wir hielten einen angemessenen Fluchtabstand, eine einheitliche körperliche Präsenz und strategischen Augenkontakt. Durch diese Sicherheitsmaßnahmen respektierten die Tiere unseren Raum und blieben in ihrem eigenen, ohne dass es zu einem Zwischenfall kam. Ich ließ mich einfach von meinem gesunden Menschenverstand leiten und wandte mein Wissen über das Verhalten der Primaten an, um die Tiere auf Abstand zu halten. Statt jeder für sich zu arbeiten, verrichteten die Wärter ihre Arbeit im Käfig nun gemeinsam. Währenddessen kontrollierte ich die Tiere mithilfe subtiler Signale, Bewegungen und räumlicher Distanz, um sie von den Arbeitern fern zu halten. Hier kam den Menschen das Wissen über tierische Benimmregeln unmittelbar zugute.

Viele Menschen haben Probleme mit ihren Vögeln. Vögel, besonders Papageien und Kakadus, haben sehr spezielle Bedürfnisse. Die meisten Vögel leben im Käfig, die glücklicheren unter ihnen haben Zugang zu einer Außenvoliere, können frei fliegen und soziale Kontakte erleben. Für manche Menschen beginnen die Schwierigkeiten, sobald ihre gefiederten Freunde die Geschlechtsreife erlangen. Der Sexualtrieb eines Tieres ist sehr stark, er ist auch der Grund, warum viele Vögel sich mit einem ihrer Halter verbünden und den anderen angreifen. Vögel, die den Kontakt zu Menschen gewohnt sind, sind pflegeleichter, aber auch bei ihnen tauchen Schwierigkeiten auf, besonders wenn man in ihr Revier eindringt. In manchem Haushalt gewinnt der Vogel schließlich die Oberhand. Problemverhalten wie Kreischen, Territorialkämpfe, manchmal auch Hacken oder Beißen kann die Besitzer dazu zwingen, den Vogel im Käfig zu isolieren.

Solange die Umgebung vom Tierhalter kontrolliert wird, bleibt die Atmosphäre harmonisch und ausgewogen. Wenn viele verschiedene Arten in einem Haus zusammenleben, sollte man von Anfang an Regeln aufstellen und sich daran halten. Verhaltensweisen, die wir bei Tierbabys noch niedlich finden, wachsen sich später oft zum Albtraum aus. Wenn man zulässt, dass ein Jungvogel beißt oder andere Tiere durchs Haus jagt, wird es mit zunehmendem Alter nur noch schlimmer werden.

Vögel, die als Baby ins Haus gebracht werden, brauchen Kontakt zu Menschen oder auch zu anderen Tieren. Dadurch werden sie ausgeglichen und gelassen. Mit dem Schnabel nach etwas zu greifen ist nicht dasselbe wie Beißen. Es ist wichtig, diesen Unterschied zu beachten, denn manche Jungvögel sind ungeschickt. Mit dem richtigen Spielzeug und etwas Anleitung kann man ihnen Sanftheit beibringen. Um künftige Probleme zu vermeiden, muss man das Verhalten des Vogels aufmerksam beobachten.

Käfige, in denen die Vögel in Augenhöhe oder darüber untergebracht sind, können zu Fehlverhalten beitragen. Vögel neigen zu Territorialverhalten in Bezug auf ihre Käfige. Wenn sie über ihrem Halter sitzen, wächst das Risiko von Dominanz oder Aggressivität. Hohe Käfige und Volieren waren einmal als Sicherheitsmaßnahmen gedacht, aber wenn Vögel zu oft auf hohen Stangen oder menschlichen Schultern sitzen, können die Beziehungsprobleme mit diesen geflügelten Kriegern eskalieren.

Menschen legen ein ähnliches Verhalten an den Tag. Haben Sie schon einmal beobachtet, wie zwei Männer sich anschreien? Hoch aufgerichtet gehen sie aufeinander los, werfen sich in die Brust und stellen sich auf die Zehenspitzen. Die gleiche psychologische Strategie benutzten Könige, wenn sie auf hohen Thronen saßen und auf erhöhtem Gelände Schlösser oder Türme errichteten.

Der beste Weg eine gute Beziehung herzustellen ist Vertrauen aufzubauen und ein Tier zu nichts zu zwingen. Es kann viel bewirken, die kleinen Dinge zu beachten. Lesen Sie etwas über das natürliche Verhalten der Tiere, um ihre sozialen Spielregeln kennen zu lernen. Noch wichtiger ist es, dass Sie sich Zeit nehmen, um Verständnis für das Tier zu entwickeln. Beobachten Sie das Tier, seien Sie aufmerksam. Nehmen Sie sich auch die Zeit, Fachleuten zuzusehen, die eine besondere Begabung haben. Wie verhalten sich diese Leute in der Nähe von Tieren? Welche Eigenheiten haben sie? Wie würden Sie ihr Verhältnis zu Tieren

beschreiben? Einfach nur zu beobachten kann sehr aufschluss-
reich sein.

Wie finden Sie solche Fachleute? Sie können den professionellen Tiertrainern in Zoos, Hundeschulen, in Tiervorführungen
oder auch im Zirkus zuschauen. Professionelle Organisationen,
die das Verhalten von Tieren untersuchen, geben Hinweise auf
qualifizierte Fachleute. Im Anhang dieses Buches finden Sie eine
Liste von hilfreichen Publikationen.

Tieren Aufmerksamkeit schenken

Wenn ein Mensch sich die Zeit nimmt, die Bedürfnisse und
Wünsche eines besonderen Tieres kennen zu lernen, öffnen sich
die Kommunikationswege zwischen ihnen. Die meisten Verhaltensprobleme, die ich bei Haustieren sehe, beruhen auf Miss-
verständnissen in der Kommunikation zwischen Tieren und
ihren Haltern. Manchmal suchen Menschen sich Tiere aus und
manchmal ist es umgekehrt – in beiden Fallen abei bietet sich
uns die Gelegenheit, voneinander zu lernen und miteinander zu
wachsen.

Mahatma Gandhi sagte, die Sprache der Natur sei einfach
und direkt. Wie kommt es dann, dass wir diese Botschaften
nicht begreifen? Die Sprache der Natur zu erlernen ist ein
Schritt zur Verständigung. Wenn Sie Tiere dabei beobachten,
wie sie miteinander kommunizieren, erlernen Sie eine neue Sprache.

Die grundlegenden Muster sind bei den meisten Tierarten
gleich. In manchen Punkten weichen sie aufgrund des Kör-
perbaus voneinander ab, aber nicht wesentlich. Schauen Sie
sich die Augen eines Tieres an, seine Ohren (falls es sichtbare Ohren hat), seinen Schwanz (oder sein Hinterteil), seine
Haltung, Körperspannung, Nüstern, Schnauze und sein Fell,
seine Federn oder Schuppen. All diese Körpermerkmale vermitteln Ihnen subtile aber klare Hinweise darauf, was gerade
passiert.

Als nächstes beobachten Sie, wie das Tier agiert oder reagiert, wenn es Menschen begrüßt. Wie ist die Stellung der Ohren? Ist die Schnauze geöffnet oder geschlossen? Sehen die Lefzen locker oder angespannt aus? Kommt es zu Körperkontakt? Zu Lautgebung? Wo ist der Schwanz? Wie bewegt er sich? Schnell oder langsam? Entspannt oder steif? Zittert das Tier vor freudiger Erwartung oder vor Erregung? Hält es den Körper geduckt oder normal? Springt es?

Bei einem Hund, der freudige Erwartung signalisiert, ist die Schnauze offen, die Ohren sind leicht zurückgestellt und der Schwanz wedelt wie wild. Manchmal duckt sich der Hund, rennt herum oder springt an dem Menschen hoch, den er gerade begrüßt. Manche Hunde bringen dem Menschen auch ein Spielzeug. Gewöhnlich gibt er uns mit allen Mitteln zu verstehen, dass er glücklich ist.

Katzen reagieren individueller. Manche stehen auf, um jemanden zu begrüßen, andere warten ab, dass der Besucher zu ihnen kommt. Es gibt stille, sanfte Katzen und solche, die enthusiastisch herbeigerannt kommen, um sich an den Beinen zu reiben. Einige schnurren, andere nicht. Manche zittern vor Aufregung. All diese Zeichen offenbaren die besondere Eigenart eines Tieres.

Wie reagiert ein Haustier, wenn sein Mensch fortgeht? Verhält es sich anders als sonst, wenn es in Gesellschaft ist? Macht es einen Unterschied, ob es mit Männern oder Frauen, Kindern oder Erwachsenen zusammen ist? Wie benimmt sich das Tier, nachdem es gescholten wurde? Was tut das Tier vor, während und nach den Mahlzeiten? Wie verhält es sich beim Spielen? Gibt es Anzeichen dafür, dass das Tier während des Schlafes träumt?

Manche Tiere hassen es, allein zu sein, anderen macht es nichts aus. Manche verfallen in Stress, sobald sie von ihren Bezugspersonen getrennt sind, zerbeißen Gegenstände oder verletzen sich selbst. Viele Katzen bleiben lieber auf Beobachtungsposten und lassen sich nur ungern auf Interaktionen ein. Jede von ihnen ist ein Individuum und muss als solches verstanden werden.

Auf Körpersprache achten

Betrachten Sie die verschiedenen Körperteile eines Tieres: Die Spannung seiner Muskeln, seine gewohnten Reaktionen und Verhaltensmuster verraten uns, was es gerade erlebt und wie es sich fühlt. Sein Körper spielt in der Kommunikation eine viel größere Rolle als bei den meisten von uns.

Werfen Sie einen prüfenden Blick auf die Ohren eines Tieres. Sind sie vorwärts gerichtet, entspannt, angespannt oder aufmerksam? Liegen sie flach am Kopf an? Was ist ihre normale Position? Steht ein Ohr nach vorne und das andere zur Seite? Was ist mit den Augen? Sind sie geöffnet, halb geschlossen, entspannt, funkelnd oder zu engen Schlitzen zusammengezogen? Sind die Pupillen erweitert oder haben sie Stecknadelgröße? Wie ist die Körperhaltung? Ist sie entspannt oder angespannt? Steht das Tier auf den Zehen? Aufrechter oder geduckter als gewöhnlich?

Dann achten Sie auch auf Anhaltspunkte, die noch ungewöhnlich scheinen. Viele Menschen schenken der Beschaffenheit der Fell- und Schnurrhaare keine Beachtung. Liegt das Fell am Körper an oder ist es gesträubt? Sind die Haare überall aufgerichtet oder nur an bestimmten Stellen des Körpers, wie zum Beispiel an Rücken und Schwanz? Was ist mit den Schnurrhaaren? Wo befinden sie sich? Liegen sie flach am Gesicht an, stehen sie nach vorne oder zur Seite? Hängen sie locker oder stehen sie ab? Ist die Schnauze entspannt, in Falten gelegt oder angespannt? Ist sie offen oder geschlossen? Hechelt das Tier, atmet es anders als sonst?

Machen Sie sich im Geist Notizen oder führen Sie eine Liste, um Neues über Ihr Haustier festzuhalten. Bei Tiervorführungen und Kursen zuzuschauen kann eine großartige Übungsgrundlage für das Training bieten. Wenn Sie Hundetrainingskurse für

Anfänger besuchen, achten Sie darauf, ob ihr Hund gern lernt oder nicht. Viele Hunde mögen die Hundeschule nicht und geben deshalb durch ihr Verhalten Signale, die sich von der freudigen Erregung anderer Hundeschüler sehr unterscheiden. Versuchen Sie die Gründe dafür herauszufinden.

Auch Vögel und Reptilien geben uns Signale. Es gibt sichtbare Unterschiede in Haltung und Körperspannung zwischen einer Schlange, die bloß hungrig ist und einer Schlange, die sich gerade bereit macht, um anzugreifen. Auch die Art und Weise, wie Vögel ihre Federn aufplustern, kann auf verschiedene Dinge hindeuten. Beobachten Sie genau, dann werden Sie dazulernen. Was sagt Ihre Intuition? Halten Sie Ihre Eindrücke in einem besonderen Notizbuch fest.

Versuchen Sie sich an einer Reihe von Hunde-Beispielen. Bestimmt haben Sie folgende Situation schon einmal erlebt: Ein unbekannter Hund nähert sich und wedelt mit dem Schwanz. Bei näherem Hinsehen fällt Ihnen auf, dass es ein entspanntes Schwanzwedeln in Rückenhöhe oder ein bisschen tiefer ist. Der Hund hält die Schnauze geöffnet und hechelt, seine Ohren sind aufgerichtet, stehen aber nicht zu weit vor. Was sagt Ihnen dieses Bild?

Ein anderer Hund kommt auf Sie zu. Er hält den Schwanz hoch aufgerichtet über dem Rücken und bewegt ihn mit kurzem, steifem Hin- und Herschwenken vor und zurück. Seine Schnauze ist geschlossen, erscheint aber angespannt und etwas aufgeplustert, der Körper wirkt steif und er steht auf den Zehen. Die Ohren sind nach vorne gerichtet. Welchen Eindruck haben Sie nun?

Schließlich begegnen Sie noch einem weiteren Hund. Dieser hält seinen Kopf gebeugt, seine Kiefer sind geschlossen und seine Zähne gebleckt. Er bewegt zwar den Schwanz, hält ihn aber zwischen den Beinen eingeklemmt. Das Fell auf seinem Rücken ist an einigen Stellen gesträubt. Was denken Sie jetzt?

Jedes Tier vermittelt Ihnen ein anderes Bild. Der erste Hund ist neugierig. Der zweite ist aggressiv, während der dritte Hund

Angstaggression oder Unterwürfigkeit zeigt. Wenn Sie sich der Absicht eines Tieres nicht sicher sind, ist es auf jeden Fall besser, den Kontakt zu vermeiden.

Gute Lehrer helfen ihren Schülern, die eigenen Probleme zu lösen und sich ihre Fragen selbst zu beantworten. Auf der Suche nach einer Antwort entwickeln Schüler häufig Lösungen und erwerben im Laufe dieses Prozesses wertvolle Fähigkeiten. Es spielt keine Rolle, ob dieser Lehrer ein Tiertrainer, ein spiritueller Lehrer oder ein Anleiter in der Arbeitswelt ist – es geht darum, dass Sie Ihr eigenes Talent erschließen und sich mit Ihrer höheren Kraft verbinden.

Um Tierkommunikation zu verstehen, beginnen wir mit der Beobachtung der körperlichen Signale. So können wir viele Situationen handhaben *bevor* etwas passiert. Wenn wir dieses Verständnis einmal erreicht haben, können wir auch zu anderen, ungewöhnlicheren Methoden übergehen.

Verstehen ohne Worte

Mein Kollege Jack war ärgerlich, weil ich mit meinem Hund sprach. Bei unserem letzten Besuch sagte er: »Immer sprichst du mit deinem Hund, und nie höre ich ihn antworten. Bekommst du jemals eine Antwort?« Ich musste lachen, weil ich *immer* eine Antwort erhalte. Manchmal ist es eine eindeutige Reaktion, manchmal nur ein höfliches Schwanzwedeln, das seine Aufmerksamkeit nicht von dem ablenkt, was er gerade tut. Wenn die Antwort Nein ist, reagiert er eher verhalten. Lautet sie Ja, ist die Reaktion oder das körperliche Feedback stärker. Jack bekommt die Reaktion häufig nicht mit – sie ist so subtil, dass er sie nicht sieht oder versteht. Er hat eine anders geartete Beziehung zu seinen Hunden. Seine Tiere leben – mit einer Ausnahme – alle draußen. Mein Hund lebt bei mir und hat sein eigenes Bett in meinem Zimmer. Er sieht in mir eine Mutter und nahe Gefährtin, unsere Beziehung ist sehr komplex.

Gelegentlich kommen die Tiere anderer Leute zu mir und lassen mich wissen, was sie sich wünschen. Sie wissen, dass ich ihnen Aufmerksamkeit schenke und sie verstehe. Manchmal bitten sie um Wasser, um Fellpflege, um Aufmerksamkeit oder darum, hinausgelassen zu werden. Sie wissen immer genau, was sie wollen. Manchmal erkenne ich, worum sie mich bitten, manchmal muss ich raten.

Achten Sie darauf, wie manche Leute Tiere in Stress versetzen, während andere sie zu beruhigen scheinen. Tiere fühlen das und verhalten sich so, dass sie bekommen, was sie wollen. Wenn Sie Tieren Ihre Aufmerksamkeit schenken, werden Sie ihre Botschaften manchmal verstehen und manchmal nicht, aber Ihre Beziehung zu Tieren wird definitiv eine andere werden.

Wenn Sie einmal die Kunst beherrschen, die nonverbalen Tiersignale zu verstehen, achten Sie in einem nächsten Schritt darauf, welche Dinge Ihnen in den Sinn kommen. Manchmal sind es Ahnungen, manchmal Ideen oder auch Bilder. Nehmen Sie wahr, wie diese Eindrücke in ruhigen Momenten zu Ihnen kommen.

Neue Informationskanäle nutzen

Passiert es Ihnen, dass sich Ihre Vorahnungen bewahrheiten? Ahnungen sind ein Beispiel für das Wirken von Intuition, Instinkt oder Telepathie. Wenn wir beschäftigt sind, neigen wir dazu, sie zu ignorieren. Wir haben etwas anderes im Kopf, also vergessen wir sie oder tun sie als unwichtig ab.

In unserer Kultur wird die Intuition insgesamt nicht sehr geschätzt und genutzt. Ich habe viele Menschen getroffen, die sich nur auf konkrete Tatsachen verlassen. Aber Taktik und Strategie haben ihre Grenzen – es gibt andere Wege, um von A zu B zu gelangen. »Bauchgefühle« treffen meistens ins Schwarze. Kurz bevor ein größeres Erdbeben meinen Heimatort erschütterte, spürte ich, dass etwas Wichtiges geschehen würde. Vierundzwanzig Stunden vor dem Beben begannen alle Tiere, Haustiere ebenso wie Wildtiere, sich seltsam zu verhalten. Haben Sie schon einmal eine derartige Vorahnung ignoriert und sich später gewünscht, Sie hätten es nicht getan? Menschen neigen dazu, ihre Intuition selbst zu entwerten oder sie lassen sich durch das Gerede anderer Leute davon abbringen, auf sie zu hören.

Meine Bauchgefühle und intuitiven Alarmsignale geben mir Sicherheit im Kontakt mit Tieren. Ich bin in den mehr als fünfundzwanzig Jahren meiner Arbeit mit Tieren nicht ein einziges Mal ernsthaft verletzt worden. Ich habe mit anderen Trainern zusammengearbeitet, die die Warnsignale der Tiere ignorierten – mit schrecklichen Folgen. Die Geschichte von Champ im vierten Kapitel ist nur ein Beispiel dafür.

Um offen zu werden für Ahnungen und intuitive Verbindungen, müssen wir lernen, den Geist zu beruhigen – genauso wie bei Meditation und Gebet. Wenn Sie ruhig sind, nehmen Sie mehr wahr, und wenn Sie offen bleiben, finden Eindrücke oder leise Gedanken leichter in Ihr Bewusstsein. Sie werden vielleicht überrascht sein, dass Ahnungen oder Bilder genau dann aufsteigen, wenn man sie am wenigsten erwartet. Halten Sie ein kleines Notizbuch bereit und schreiben Sie Ihre Eindrücke auf: Sie werden erleben, wie schnell sich Ihre Erfahrungen vermehren, wenn Sie ihnen Aufmerksamkeit und Wertschätzung schenken.

Beginnen Sie dann damit, sich insbesondere auf Tiere zu konzentrieren. Trauen Sie Ihren Eindrücken und halten Sie Ihren Geist davon ab, umherzuwandern oder unruhig zu werden. Vielleicht »fühlen« Sie, dass Ihr Tier gerade Appetit hat oder nach draußen will. Folgen Sie dem Hinweis, den Sie aufgefangen haben, was immer es sein mag. Beginnen Sie mit kleinen, einfachen Dingen, wie zum Beispiel was das Tier von Ihnen will. Ist es Futter, Wasser, Zeit zum Spielen, Aufmerksamkeit oder etwas anderes? Empfangen Sie mentale Bilder oder Gefühlseindrücke? Nehmen Sie einfach wahr, ohne zu urteilen.

Interpretieren Sie nicht, warten Sie darauf, dass sich mehr Erfahrungen einstellen. Beginnen Sie mit Tieren, die Sie kennen. Die meisten intuitiven Erfahrungen machen wir mit den Menschen und Tieren, die uns am nächsten stehen. Wenn Sie sicherer werden, können Sie sich anderen Tieren auf die gleiche Weise zuwenden.

Als ich begann, diese Technik bei fremden Tieren einzusetzen, versuchte ich einmal mit einem Zootiger in Kontakt zu treten. Der Tiger wurde ärgerlich, er schaute mich mit halb zurückgelegten Ohren und finsterem Blick an und zog sich vor mir in den Hintergrund des Käfigs zurück. Andere Tiere hießen den Versuch willkommen und erwiderten meinen Gruß. Einer der Tiger wagte sich zu mir herüber, rieb sich Kontakt suchend an den Gitterstangen und gab sanfte Laute von sich.

Jedes einzelne Tier und jede Spezies hat besondere Vorlieben und Abneigungen. Diese Unterschiede lassen manche von ihnen freundlich, andere unwillig auf einen Annäherungsversuch reagieren. Ich habe den Eindruck, dass die Tiere einem Kontakt um so zugeneigter sind, je mehr positive Assoziationen sie in Bezug auf Menschen haben, und je mehr ihnen Gelegenheit gegeben wurde, Erfahrungen mit verschiedenen Menschen zu sammeln. Drängen oder zwingen Sie Tiere nie zu etwas. Die Höflichkeitsregeln erfordern, dass Sie um Erlaubnis bitten, bevor Sie mit einem Tier Kontakt aufnehmen. Manchmal müssen Sie einen Menschen bitten, aber Sie sollten auch das Tier fragen oder es den ersten Schritt machen lassen.

Vom Gruppenbewusstsein zur Individualität

Tiere haben ein Bewusstsein. Manche verweilen in einer Art Gruppenmentalität, während andere mehr Sinn für Individualität besitzen. Dieser Begriff »Gruppenbewusstsein« bezieht sich auf Tiere, die hauptsächlich von ihren Instinkten geleitet werden. Tiere, die in der Wildnis leben, weisen diese Tendenz ebenso auf wie solche, die von anderen gejagt werden oder die sich zu ihrer Orientierung auf ein Leittier verlassen.

Auch Menschen neigen dazu, nach Führung zu suchen. Mal folgen sie einem Führer und mal der Masse. Wir sollten uns an den Sprossen der spirituellen Leiter festhalten und uns selbst daran hochziehen, statt einen anderen Menschen auf ein Podest zu stellen. Wir haben nichts gewonnen, wenn wir charismatischen Lehrern gedankenlos folgen – ihre Unterweisung und ihr Vorbild sollen uns helfen zu wählen und zu lernen. Gute Führer bringen kompetente und mitfühlende Menschen hervor.

Auch Tiere gedeihen unter einer guten Führung und machen komplexe Entwicklungsschritte. Ich vermute, dass Stimulation und Erziehung die Gründe dafür sind. Ob es sich dabei um ein Haustier oder ein Käfigtier handelt, das Zusammenleben mit Menschen in einer anregenden Umgebung fördert seine Entwicklung auf eine Art und Weise, die anderen Tieren nicht zuteil wird.

Ein Beispiel: Vor einigen Jahren kümmerte ich mich um ein junges Schaf namens Molly. Ursprünglich war Molly im Rahmen eines Jugendprojekts in die Familie gekommen, doch die Eltern wollten ihre Tochter vor eine Herausforderung stellen und das Schaf bei sich behalten. Man kann beinahe jedes Tier trainieren, also begannen wir mit dem ersten Schritt – das Interesse des Tieres wachzurufen und seine Aufmerksamkeit auf uns zu lenken. Ich begann, das Schaf bei seinem Namen zu rufen, und jedes Mal wenn ich es rief, bekam Molly gleichzeitig eine Belohnung. Diesen Vorgang wiederholten wir.

Dann zog ich mich langsam zurück und forderte Molly auf, zu mir zu kommen, um sich die Belohnung zu holen. Schließlich begriff sie den Zusammenhang. Statt bloß dazustehen, wenn ich ihren Namen nannte, reagierte sie. Die Besitzerin rief: »Gerade ist ihr ein Licht aufgegangen! Ich konnte sehen, wie es passierte!« Während die meisten Leute nicht mitbekommen, wie diese Veränderung vor sich geht, hatte sie zugesehen, wie das Tier eine höhere Stufe der Reaktion und der Einsicht erlangte. Nachdem dieser Schritt einmal erfolgt war, war Molly nun in der Lage, aktiv zu entscheiden statt nur zu reagieren. Das Schaf hatte eine andere, individuelle Ebene des Bewusstseins erreicht. Von diesem Zeitpunkt an hörte Molly auf ihren Namen und wusste um die Folgen der richtigen Reaktion. Sie war nicht länger »nur« ein Teil der Herde, sie war jetzt bereit zu lernen.

Haustierhalter, die ihre Schützlinge respektieren und ihnen viel Zuneigung und Anleitung zukommen lassen, helfen ihnen damit, geselliger zu werden. Diese Tiere, die mit den sozialen Regeln der Menschen vertraut gemacht wurden, sind viel verspielter als andere.

Sogar Käfigtiere zeigen Vorlieben und Abneigungen. Manchmal legen sie »nur zum Spaß« ein bestimmtes Verhalten an den Tag, um ihren Standpunkt deutlich zu machen. Ich arbeitete einmal mit einem sibirischen Tiger, der mich lediglich duldete. Er hatte einzig und allein Augen für die Frau, die ihn aufgezogen hatte, mit allen anderen Menschen legte er sich an. Raja konnte sehr einfallsreich sein, wenn er sich amüsieren wollte. In seiner Nähe blieb ich auf der Hut und versuchte ihn im Auge zu behalten, denn er hätte jede Gelegenheit genutzt, um anzugreifen. Einmal war ich vollkommen auf meine Arbeit mit einem anderen Tier konzentriert und geriet dabei in Rajas Reichweite. Als ich aufstand und zurücktrat, nahm ich aus den Augenwinkeln eine Bewegung wahr. Raja streckte sich und fuhr, in dem Versuch mich zu packen, etwa einen Meter von mir entfernt mit seiner Tatze durch die Luft. Als ich erschreckt Atem holte und zurückwich, zog er seine Tatze ein und stürmte – ein zufriedenes Glitzern in den Augen – durch sein Gehege. Er triumphierte: Endlich hatte er es geschafft, mich zu überrumpeln. Er rannte los und stürzte sich mit einem Satz auf sein Spielzeug. Während er sich in den Autoreifen verbiss und ihn heftig hin und her schüttelte, starrte Raja mich konzentriert an, um mir klar und deutlich zu zeigen, was er mit mir vorhätte, wenn ich in seine Reichweite käme! Sein Vergnügen und seine Arglist waren unmissverständlich.

Auf die Intuition hören und Neues ausprobieren

Wir haben eine Verantwortung, für die Tiere und die Erde Sorge zu tragen. Unser Handeln braucht eine Grundlage aus Mitgefühl und Einvernehmen – diese solide Basis fehlt uns, wenn wir nicht lernen, die Geschöpfe zu verstehen, die wir lieben, beherrschen, zerstören und fürchten. Wir müssen die Lektionen, die wir gelernt haben, auch in Taten umsetzen.

Die meisten Leute gehen über ihre Gefühle oder Ahnungen hinweg, besonders wenn andere sie ihnen ausreden wollen. Ignorieren Sie diese anderen! Haben Sie Freude an Ihrer Intuition, wertschätzen Sie Ihre Ahnungen und die Erfahrungen, die Sie auf Ihrem Weg machen – das wird Ihnen manches erleichtern. Sobald Ihnen dieser Prozess zur zweiten Natur geworden ist, werden die Tiere zu Ihnen kommen, um Ihnen Dinge zu »erzählen«. Vergessen Sie nicht, ihnen ihre Aufmerksamkeit zu schenken. Gewöhnlich bemühen sich Tiere um unsere Aufmerksamkeit. Tiere, die sich gut benehmen, werden von den meisten Menschen nicht beachtet, viele lernen deshalb Anstoß zu erregen, um Aufmerksamkeit zu bekommen!

Eines Tages besuchte ich neue Klienten. Ich ging in ihren Garten, um die Hunde zu beobachten. Die Besitzer wollten von mir wissen, wieso einer der Hunde die ganze Zeit hochsprang und sich an den Beinen der Menschen aufrichtete.

Als ich den kleinen Shetland-Schäferhund beobachtete, sprang er hoch, um meine Aufmerksamkeit zu erregen. Da er ein unterwürfiges Tier war, richtete er sich an den Beinen der Menschen auf, um von ihnen beachtet zu werden. Während ich dastand und versuchte ihn einzuschätzen, begann er mich anzuspringen. Statt sein Verhalten durch Streicheln zu verstärken, sagte ich: »Nein. Was solltest du stattdessen tun?« Er hielt inne und sah mich eifrig an. Mit nach vorne gestellten Ohren hielt er mit mir Blickkontakt und wich zurück. Ich sagte: »Richtig und was noch?« Dann visualisierte ich, was ich mir von ihm wünschte.

Während wir einander anschauten, stellte ich mir vor, wie er sich vor mir hinsetzte. Ich sagte kein Wort. Alle anderen waren wie versteinert. Er sah mich an und platzierte sein Hinterteil fest auf den Boden zur Sitzposition. Sofort sagte ich: »Gut! Das ist richtig!«, streichelte und lobte ihn. Die Besitzer schüttelten ungläubig den Kopf.

Ein weiterer Schritt zur besseren Kommunikation mit Tieren besteht darin, sich vorzustellen, was man sich wünscht. Das Visualisieren innerer Bilder wird häufig im Management-Training und bei Zielsetzungsübungen eingesetzt, aber es ist so ähnlich wie Tagträumen. Versuchen Sie es einmal: Denken Sie daran, an einem sehr heißen Tag in einem schönen Pool zu schwimmen. Stellen Sie sich den blauen Himmel vor und fühlen Sie die Bewegung des Wassers. Spüren Sie, wie die Sonne auf Sie herabbrennt und wie gut es tut, sich in einem kühlen Pool treiben zu lassen. Können Sie sich das ausmalen? Wie wäre es mit einem roten Apfel? Denken Sie an einen köstlichen, rot-glänzenden Apfel. Er ist vollkommen. Oben sprießt ein kleiner Stängel hervor und seine Rundung verjüngt sich nach unten hin. Der Apfel hat eine satte, rubinrote Schale, er ist ganz glatt, knackig und glänzend.

Visualisierung bedeutet, dass Sie sich geistig ein Bild davon machen, wie Ihr Haustier das richtige Verhalten zeigt. Vielleicht braucht Ihr Tier auch ein bisschen Training, aber viele Tierhalter haben mit dem Befehl »Komm!« deshalb keinen Erfolg, weil sie gleichzeitig visualisieren, wie ihr Tier sie meidet oder vor ihnen davonläuft. Das Tier fängt dieses Bild auf, findet es ein gutes Spiel, und erhält unbeabsichtigte Verstärkung durch die anschließende Verfolgungsjagd.

Eine meiner Klientinnen hat einen großen weißen Hund, der mit Vorliebe fortlief und bellte, wenn sie ihn aufforderte hereinzukommen. Da sie auf dem Land leben, verbrachte die frustrierte Besitzerin Stunden mit dem Versuch, ihren Hund wieder einzufangen. Unsere ersten Bemühungen waren darauf gerichtet, die Fluchtzone einzugrenzen und dem Hund beizubringen zu kommen. Weil die Besitzerin nicht konsequent mit ihm war, war er auch nicht konsequent mit ihr. Das eine Mal gab sie sofort nach und ließ ihn draußen, ein andermal blieb sie beharrlich. Der Hund hatte gelernt, seinen Willen durchzusetzen, indem er nicht nachgab.

Mir bereitete er keine Schwierigkeiten. Ich visualisierte und erwartete von ihm das korrekte Verhalten. Wenn er nicht kooperierte, wusste er, dass ich auf meinem Willen bestehen würde. Bis zum heutigen Tag kommt er immer sofort zu mir, ohne dass ich ihm nachlaufen muss.

Glücklicherweise denken immer mehr Menschen über eine alternative Art des Umgangs mit Tieren nach. Vielleicht ist Ihnen selbst gar nicht bewusst, in welchem Maße Sie Ihre Intuition benutzen, aber vielleicht können die Menschen um Sie herum Ihren Erfolg bestätigen. Mir passiert das öfter, aber eine Situation brachte mich besonders zum Lachen.

Auf meiner morgendlichen Runde in einem Tierschutzheim begrüßte ich jeden Hund und jede Katze, die dort untergebracht waren. Einer der Hunde hieß »Satin«. So sehr ich mich auch bemühte, ihn bei diesem Namen zu rufen, es wurde doch immer »Satan« daraus. Es war grotesk: Obwohl ich täglich sein Namensschildchen überprüfte, brachte ich es nicht fertig, ihn beim richtigen Namen zu nennen. All meine Anstrengungen nützten nichts. Eines Tages hörte mich zufällig Wanda, die Leiterin der

Hundeabteilung, und musste lachen. Als ich aufsah, bemerkte sie: »Du rufst ihn bei seinem ursprünglichen Namen.« Wanda erzählte mir daraufhin seine Geschichte.

Als Satan ins Tierheim eingeliefert wurde, benahm er sich wie ein Ungeheuer. Doch im Laufe der Zeit bekam er viel Liebe und Aufmerksamkeit und verwandelte sich in ein sehr freundliches, geselliges Tier. Die Belegschaft beschloss daher, seinen Namen und sein Image zu ändern. Wanda meinte, ich hätte diese Information wohl intuitiv aufgeschnappt, ohne über die ganze Geschichte Bescheid zu wissen.

Eine andere denkwürdige Erfahrung machte ich während eines Hundetrainings. Ein Hundeschüler begriff nicht, was sein Herrchen von ihm wollte. Zu dieser Zeit waren wir damit beschäftigt, ein einfaches »Sitz!« zu erlernen. Nach einigen Versuchen des Besitzers bot ich den beiden ohne weitere Erklärung meine Hilfe an.

Nachdem ich visualisiert hatte, was der Hund tun sollte, schaute er mich eindringlich an und nahm dann langsam die Sitzposition ein. Sein Erfolg wurde von der ganzen Gruppe mit Belohnungen und Lob gewürdigt. In seinem Kopf begannen sich die Rädchen zu drehen, er wurde ganz aufgeregt. Danach wurde das Lernen leichter für ihn. Er war aufmerksam und ging mit seinem Reagieren auch Risiken ein. Obwohl er am Anfang noch unsicher war, lernte er schließlich auf Anweisungen zu achten und die richtigen Schlüsse zu ziehen.

Nach dem Unterricht kamen die anderen Hundehalter zu mir und fragten, ob ich visualisiert hätte, was ich von dem Hund wollte. Sie hatten intuitiv gespürt, dass es sich bei dem, was sie beobachtet hatten, um eine andere Art von Kommunikation handelte. Sie hatten das Resultat miterlebt und wollten nun unbedingt mehr über diesen Prozess erfahren.

Tiefe Kommunikation erfordert Verantwortlichkeit und Achtsamkeit für das Tier. Der einfachste Weg die Wirksamkeit von Visualisierungen zu testen, ist mit Ihrem Tier zu arbeiten. Malen Sie sich aus, wie Ihr Tier sich sein Lieblingsspielzeug holt oder wie es eine Belohnung bekommt und beobachten Sie, was dann passiert.

Mein Hund bekommt normalerweise keine Leckereien zur Belohnung, deshalb wird er ganz aufgeregt, wenn ich ihm im Austausch für ein bestimmtes Verhalten welche anbiete. Da er sowohl verbale als auch nonverbale Kommandos kennt, ermutige ich ihn mit einer Nascherei, sich »vorzustellen«, was ich mir von ihm wünsche. Ich halte einen Bissen hoch und frage ihn: »Was sollst du jetzt tun?« Dann visualisiere ich das entsprechende Verhalten. Wenn er die richtige Reaktion zeigt, bekommt er die Belohnung. Wenn nicht, dann fangen wir von vorne an oder wir lassen es bleiben und versuchen es später noch einmal. An der Art und Weise, wie das Tier Sie anschaut, können Sie leicht erkennen, ob es die Bilder auffängt. In den meisten Fällen konzentriert das Tier sich dabei eifrig auf Ihr Gesicht, körperlich unbewegt und mit gespitzten Ohren.

Eine weitere Methode, mit der ich arbeite, ist das »Dialogisieren«: Ich spreche mit einem Tier und verbalisiere gleichzeitig, was es mir mitteilt. Das passiert häufig, wenn ich mich mitten in der Interaktion mit Tieren befinde und mir nicht ganz im Klaren darüber bin, was gerade vor sich geht. Manchmal überraschen mich die Antworten.

Meine Mitarbeiter spotteten über mich und schüttelten die Köpfe, wenn ich mit den Elefanten sprach. Eines Tages, als die Dickhäuter besonders lebhaft waren, bereiteten wir die Tiere auf die nächste Dressurvorführung vor. Als ein Elefant, Rhani, am Eingang der Arena auftauchte, nahm ich an, dass sie gerne auftreten wollte, aber dafür war es zu spät. Ich erklärte ihr das und versprach, nach der Vorführung in der Arena mit ihr zu arbeiten, wenn sie später wiederkäme. Dann murmelte ich etwas vor mich hin, so als ob sie mir eine Antwort gegeben hätte. Meine Co-Trainer wollten gar nicht aufhören, mich damit aufzuziehen.

Da die Vorführung das Ende unseres hektischen Morgens bildete, kamen viele Elefanten nach der Show zur Arena herunter, um noch ein bisschen persönliche Zuwendung zu ergattern. Als meine Dickhäuter-Freundin am Schluss dieser Vorführung wiederkam, wollte sie nicht nur Aufmerksamkeit, sondern Zutritt zur Arena. Ich hatte einen Handel mit Rhani abgeschlossen und deshalb keinerlei Zweifel daran, dass sie mich verstanden hatte und hiermit auf mein Versprechen zurückkam. Die Jungs verdrehten die Augen, aber Rhani und ich genossen eine großartige Trainingsstunde.

Wenn Sie beginnen, neue Methoden zu erproben, verlassen Sie sich nicht auf Futter oder Tricks, das würde Ihre Absichten durchkreuzen. Arbeiten Sie lieber an einer besseren Beziehung und einem guten wechselseitigen Austausch. Entwickeln Sie Ihre eigenen Ideen darüber, wie Sie mehr wahrnehmen und neue Wege gehen können und während Sie an Ihren Fähigkeiten im Umgang mit Tieren feilen: Vergessen Sie bitte nicht, auch Ihre Bemühungen im Kontakt mit Menschen zu vertiefen!

Vorstellungskraft und Kreativität einsetzen

Ein weiterer Ansatzpunkt Ihre Kompetenz im Bereich der Tierkommunikation weiterzuentwickeln besteht darin, Ihre Vorstellungskraft zu benutzen. Wir neigen dazu, die Dinge aus einem menschlichen Blickwinkel zu betrachten. Wenn wir lernen, aus der Perspektive eines Tieres wahrzunehmen, öffnen sich neue Türen zu Verständnis und Mitgefühl. Denken Sie einen Augenblick lang darüber nach, wie Tiere die Dinge sehen. Aus welcher Höhe nehmen sie etwas wahr? Sehen sie Farben? Schattierungen? Vom Boden aus betrachtet sehen Menschen aus wie Riesen. Begeben Sie sich einmal hinunter in Bodennähe und schauen Sie zu jemandem auf. Ist Ihnen das unangenehm? Was könnte aus dieser Perspektive schädlich oder gefährlich erscheinen? Wie beeinflussen die natürlichen Instinkte das Tier? Spielen Sie mit dieser Vorstellung.

Einer der ersten Tiger, die ich trainierte, hatte seinen natürlichen Instinkt Menschen zu vermeiden, auf die Angst vor unbelebten Objekten ausgeweitet. Es überraschte mich, wenn die Tigerin sich auf einem unserer Spaziergänge plötzlich versteifte und den Blick starr auf irgendetwas gerichtet hielt. Einmal bekam sie Angst, als wir am Elefantenhaus vorbeiliefen. Ich hielt inne, ließ mich auf ihre Höhe herab und blickte in die gleiche Richtung wie sie. Ich redete mit ihr und ermutigte sie, näher an das Elefantenhaus heranzugehen. Ich bewegte mich auf das Gebäude zu, so weit die Leine reichte (eine *Groß*katzenleine, wohl gemerkt), blieb wieder stehen und kauerte mich nieder. Langsam kam sie näher und versuchte, sich in meinem Schoß in Sicherheit zu bringen! Auf diese Weise näherten wir uns nach und nach dem riesigen, bedrohlichen Gebäude mit dem großen, schwarzen, offenen Maul. Als wir eintraten, entdeckte sie, dass es dort keinerlei Bedrohung gab und entspannte sich. Zum Glück spielten die Elefanten gerade draußen in ihrem Freigelände.

Ein anderes Mal fürchtete sie sich vor dem Futterwagen. Wieder näherten wir uns Zentimeter für Zentimeter dem »schrecklichen Ungetüm«, bis der junge Tiger schließlich vertrauensvoll auf die Ladefläche des Lastwagens kletterte. Für Tiere ist es wichtig, sich auf solche Weise an etwas Neues herantasten zu können. Viele von ihnen reagieren ängstlich auf neue Umstände oder Menschen, wenn sie den Umgang mit Menschen oder verschiedenen Objekten nicht gewöhnt sind. Es ist ein ähnliches Phänomen wie die Angst vor dem »Monster unter dem Bett«, die Kinder überwinden müssen. Es versetzt mich immer wieder in Staunen, wenn ich die Dinge aus der Tierperspektive betrachte. Tiere reagieren so schnell und haben eine derartig andere Wahrnehmung, dass ich das Leben aus einem ganz neuen Blickwinkel kennen lerne.

Tiere besitzen einen einzigartigen Sinn für Humor, der sich von Art zu Art und von Individuum zu Individuum unterscheidet. Jedes Mal, wenn ich mit Elefanten zu tun hatte, war ich entzückt von ihrer Albernheit. Elefanten sind außerordentlich intelligente und sensible Geschöpfe. In der letzten Herde, mit der ich arbeitete, lebten einige der charakterfestesten und wunderbarsten Elefanten, die ich je getroffen habe. Allerdings waren sie auch ganz schön spitzbübisch. Während der Vorführungen versuchte ich dem Publikum beizubringen, die Tiere als Individuen zu identifizieren und hob dabei ihre besonderen Charaktermerkmale hervor.

Rhani war ein Schelm: Sie fuchtelte mit ihrem Rüssel herum, wenn sie aufgeregt war und erfand neue Laute und Verhaltensvariationen in der Hoffnung, eine Extra-Belohnung herauszuschinden. Rhani stellte uns auch auf die Probe, indem sie ihre Leistungen auf das Minimum reduzierte, für das sie gerade noch belohnt wurde. Sie war von all dem gelangweilt.

Aufgrund des Mangels an Kontinuität unter den Trainern hatte sie sich entschlossen, zwar auf Befehl zu trompeten – aber erst beim zweiten Versuch. Diese unangemessene Reaktion war schwer zu korrigieren, weil einige der Trainer sie dafür belohnten. Rhani und ich begannen daher an einem anderen Verhalten zu arbeiten, das ich zur Unterscheidung »großes Trompeten« nannte. Um eine Belohnung zu ergattern, musste sie gleich beim ersten Versuch laut trompeten. Wenn sie zu faul war, gingen wir zu etwas anderem über. Weil Rhani es aber liebte, meinen hohen Erwartungen gerecht zu werden, ging sie schnell darauf ein.

Schließlich bauten wir die Übung in die Vorführung ein. Das zum »Hilfstrainer« ernannte Publikum wusste um die Herausforderung und war darauf vorbereitet, im Falle von Rhanis Erfolg in wilden Applaus auszubrechen. Alle saßen in stiller Erwartung da, man hätte eine Stecknadel fallen hören können. Als das Kommando schließlich gegeben wurde, holte Rhani tief Luft und trompetete laut. Das Publikum spielte verrückt. Ich hüpfte begeistert auf der Stelle und lobte sie: »Gut gemacht, gut gemacht!« Rhani war ganz aus dem Häuschen – sie flatterte mit den Ohren und schwenkte ihren Rüssel. Das Publikum konnte sehen, wie aufregt sie war. Wir beendeten die Vorführung in dieser Hochstimmung und luden die Zuschauer ein, herunterzukommen und Fragen zu stellen. Um aus Rhani die richtige Reaktion her-auszulocken, war es nötig zu wissen, was sie als Individuum mo-tivierte. Individuen reagieren unterschiedlich. Sich mit einer Tierart oder einer Rasse auszukennen ist nicht genug – Sie müs-sen auch die gegebenen Umstände und die Besonderheiten eines Tieres berücksichtigen. Jedes Tier übermittelt Information auf vielerlei Arten.

Die Eule zum Beispiel benutzt ihre Sinne, ihr Hör- und Seh-vermögen und den Mantel des Schweigens, um bei der Jagd erfolgreich zu sein. Sie weiß genau, wann sie stillsitzen und beo-bachten muss, wann es Zeit ist, die Perspektive zu wechseln, und wann sie mit den Flügeln schlagen oder schnell auf ihr Ziel her-abstoßen muss. Wenn auch wir all unsere Sinne benutzen und unseren Geist öffnen, können unsere Bemühungen Früchte tra-gen. Unsere neu gewonnenen Fähigkeiten werden uns so zur zweiten Natur – und unser weiterer Weg wird mühelos.

Nachwort: Haben Tiere eine Seele?

Offenheit und Achtsamkeit helfen uns, zu neuen Einsichten zu gelangen und uns weiterzuentwickeln. Dieser Wachstumsprozess erfordert, dass wir auch weiterhin unsere Gedanken erforschen und in Frage stellen. Ein Buch über das Thema, wie Tiere uns bei unserem geistigen Wachstum helfen, bliebe unvollständig ohne eine Erörterung der Frage, ob Tiere eine Seele haben. Es scheint mir daher angebracht, mit diesem Thema zu schließen.

Während meiner Jahre in Big Bear Valley verbrachte ich viel Zeit an einem meiner Lieblingsplätze – einem Ort, von dem aus man das Tal und die Wüste überblicken kann. Mein treuer Hund Clyde und ich wanderten viele Stunden entlang der umliegenden Pfade, und noch mehr Zeit verwandte ich darauf, auf einem heiligen Platz – genannt »Auge Gottes« – zu sitzen und über das Leben nachzudenken. Clyde hatte es zwar nicht nötig nachzudenken, aber er liebte diesen Ort nicht weniger. Das letzte Stück der Straße rannte er vor meinem Wagen her, danach lief er mir auf jedem Trampelpfad voran, nahm aufregende Düfte auf und folgte ihnen so lange, bis er sie zur Genüge erforscht hatte. Ich genoss Clydes Gegenwart dort oben auf dem Felsen, aber unsere gemeinsame Zeit war begrenzt. Er wurde älter und unsere Ausflüge seltener, bis er schließlich die lange Tour nicht mehr bewältigen konnte.

Dann brach Herzeleid über mich herein. Clydes drohender Einschläferungstermin stand unmittelbar bevor und nichts konnte diesen Prozess erleichtern. Obwohl ich sonst meiner Intuition vertraue, bat ich ein Tiermedium um Hilfe. Ich war entschlossen, alles zu tun, um ihm den Übergang so leicht wie

möglich zu machen. So erfuhr ich, dass Clyde sich zwei Dinge
wünschte: drei Tage Zeit, um sich vorzubereiten, und einen letzten Ausflug zum »Auge Gottes«.

Da war ich nun und zog Clyde, der königlich in einem roten
Bollerwagen thronte, hinter mir her, hinauf zu der heiligen
Stätte, die einen Überblick über das ganze Tal bietet. Ich weiß
nicht, wie lange Clyde und ich dort saßen, aber das Bild von ihm
in diesem Wagen hat sich mir unauslöschlich eingeprägt.

Es gibt vermutlich nichts Schwereres, als ein geliebtes Wesen
zu verlieren. Nichts vermag die Leere zu füllen, die der Verlust
dieses einzigartigen Geschöpfes hinterlassen hat, und nichts vermag den tiefen Schmerz des Trauerprozesses zu beschreiben. Ich
habe schon viele Verluste erlebt, aber keiner ist so frisch oder so
tief wie der meines geliebten Clyde. Ich hätte nie erwartet, dass
ein Hund einmal mein Schutzengel sein würde, mein treuer Ge-
fährte, mein Spielgeselle, mein Assistent beim Hundetraining
und mein Ersatzsohn, aber all das war Clyde für mich. Clyde
brachte mir wichtige Grundsätze bei:

Liebe aus ganzem Herzen, denn das ist alles,

   was zählt.

Begrüße diejenigen, die du liebst,

   mit ganzer Begeisterung.

Nimm dir vor allen Dingen Zeit für deine Liebsten.

Vergiss auch nicht, dich selbst zu lieben.

Vergib schnell und gehe weiter.

Halte treu zu deiner Familie und zu deinen Freunden.

Sieh in jedem das Gute und genieße es,

   mit anderen zusammen zu sein.

Bring andere zum Lachen.

Nimm dir jeden Tag Zeit zu spielen.

Geh öfter spazieren.

Gönne dir ab und zu ein Schläfchen.

Genieße deine Mahlzeiten.

Bleib mit deiner Aufmerksamkeit in diesem

einen Moment.

Was du auch tust, gib immer dein Bestes.

Mach Fehler und versuch es noch einmal,

denn so lernt man dazu.

Tu den ersten Schritt zur Versöhnung.

In jenen letzten Tagen dachte ich über die Lektionen nach, die Clyde mir erteilt hatte und kam zu dem Schluss, dass er tatsächlich ein großer Lehrer war. Ich verbrachte jede Minute mit ihm und fühlte genau den Moment, als die Lebenskraft seinen Körper verließ, denn ich hielt ihn in meinen Armen. Clyde war ein Geschöpf Gottes – genau wie jedes andere Tier.

Die Liebe Gottes gilt allem, was lebt. Das hält die Menschen jedoch nicht davon ab, andere Menschen zu versklaven oder sie als Wesen zweiter Klasse zu betrachten. Vor noch nicht allzu langer Zeit wurde noch nicht über die Existenz einer Seele bei Tieren diskutiert, sondern darüber, ob bestimmte ethnische Gruppen und Frauen eine unsterbliche Seele besitzen.

Für mich ist es stimmig, dies hier zu schreiben, genau ein Jahr nachdem Clyde die physische Ebene verlassen hat. Das englische Wort für Tier – *animal* – leitet sich vom lateinischen anima ab, das mit »Seele« übersetzt wird. Ob ich glaube, dass Tiere eine

Seele haben? Ja, das tue ich. Und 86 % der Leserinnen und Leser von Belief.net, einer Internetseite, die sich spirituellen und inter-religiösen Themen widmet, glauben es ebenfalls.

Theorien darüber, dass Tiere keine Seele oder keinen Geist haben, sind eben nicht mehr als bloße Theorien. Jahrhunderte lang haben Philosophen und Theologen öffentlich zu dieser Frage Stellung genommen. In der Antike warf Aristoteles die Frage auf, ob es eine Vielzahl von Seelen gebe oder nur eine Vielzahl von Teilen einer einzigen Seele. Plato behauptete, die Seelen aller Lebewesen seien Teile der allumfassenden Weltseele. Schüler des Sokrates vertraten die Ansicht, dass der Besitz einer Seele den Menschen vor dem Tier auszeichne, und Augustinus war an Tieren vor allem in Hinblick auf ihren physischen oder spirituellen Nutzen für die Menschen interessiert.

Der abwertende Blick auf die Seele der Tiere scheint auf die Auffassungen zweier Philosophen zurückzugehen: Thomas von Aquin, ein italienischer Philosoph und Theologe des dreizehn-ten Jahrhunderts, erörterte die Seele von Tier und Mensch in seinem Werk *Summa Theologica*. Im siebzehnten Jahrhundert vertrat der französische Philosoph René Descartes den Stand-punkt, Tiere seien nicht fähig zu denken, besäßen weder Intelli-genz noch Sprache, und seien bloße biologische Maschinen, die weder Freude noch Schmerz empfänden. Zeitgenössische Unter-suchungen über Physiologie, Intelligenz und Sprachkapazität von Tieren haben das Gegenteil bewiesen.

Der englische Philosoph Jeremy Bentham schrieb Anfang des 19. Jahrhunderts, er halte es für nicht angemessen zu fragen, ob Tiere vernunftbegabt seien oder eine Sprache besäßen. Stattdes-sen stellte er die Frage: »Können sie leiden?« Charles Darwin vertrat in *The Expression of the Emotions in Man and Animals* die Auffassung, dass zwischen dem Innenleben von Mensch und Tier kein grundsätzlicher, sondern nur ein gradueller Unterschied be-stehe.

Im Januar 1990 sagte Papst Johannes Paul II.: »Auch Tiere be-sitzen eine Seele, und die Menschen müssen Liebe und Soli-

darität zu ihren kleineren Geschwistern empfinden.« Er berief
sich dabei auf die Textstellen der Genesis, in denen sowohl von
Tieren als auch von Menschen als »lebendige Seelen« (hebr.
nepesh chayah) gesprochen wird.

Laut dem Buch *The Immortality of Animals* von Elijah Buckner verkünden die Religionen der Ägypter und Phönizier sowie
Islam, Hinduismus, Buddhismus, Zoroastrismus, die griechischen und altnordischen Religionen, der Konfuzianismus und
die »primitiven Religionen« der Welt direkt oder indirekt die Un-
sterblichkeit der Tiere.

Andere Bücher, wie zum Beispiel *Do Dogs Go to Heaven?* von
Jean Holmes oder *The Soul of Your Pet* von Scott Smith untersuchen weitere religiöse und philosophische Einstellungen zu
diesem Thema. Scott Smith stellt fest, dass die Zeugen Jehovas
und einige Freikirchen Schriften besitzen, die auf eine individuelle Identität und lebendige Seelen von Tieren hindeuten,
während andere christliche Vereinigungen meinen, dass es keine
biblische Basis für jedwede Doktrin zu dieser Frage gibt. Die ja-
panische Religion des Shintoismus erkennt an, dass alle Dinge
kami oder Geist enthalten und der Jainismus, der sich aus dem
Hinduismus herleitet, betrachtet alle Seelen als heilig und unzer-
störbar.

In seinem beliebten Buch *Dein Tier – eine empfindsame Seele*
legt Gary Kowalski, ein Geistlicher aus der Religionsgemein-
schaft der Unitarier, mit Überzeugung seinen Glauben dar, dass
Tiere eine Seele haben. In seinem Buch erörtert er die Fragen, ob
Tiere um ihren Tod wissen, ob sie Recht von Unrecht unterscheiden können, ob sie Liebe erfahren und ob sie ein Bewusstsein
ihrer selbst haben. All dies scheint mir selbstverständlich, meine
Erfahrung beantwortet jede dieser Fragen mit Ja. Ich habe gesehen, wie Tiere aufblühten, sich entwickelten und zu individuel-
len Persönlichkeiten wurden. Das kleine Schaf Molly war nur ein
Beispiel unter vielen.

Zur Frage des Weiterlebens nach dem Tode präsentiert *The
Soul of Your Pet* Geschichten über Tiere im Jenseits, vermittelt

von menschlichen Zeugen. Visionen, Astralreisen, außerkörperliche Erfahrungen und Geschichten über Tierkommunikation sind Teil dieses Buches. Smith geht davon aus, dass das Fehlen von Berichten über Tiere im Jenseits auf die Tatsache zurückzuführen ist, dass die Wissenschaftler versäumt haben, nach ihnen zu fragen. Der Psychiater Dr. Milton Hadley, ein früheres Mitglied der Cambridge University, hat Hunderte solcher Begegnungen mit Haustieren dokumentiert und auch der Parapsychologe Scott Rugo stellt in Smiths Buch zwei Berichte über Tiere vor.

Mein Glaube an das Göttliche tröstet mich und gibt mir Frieden. Als Clyde seinen Körper verließ, konnte ich fühlen, wie sich seine Essenz, seine spirituelle Form von ihm löste. Ich hoffe, dass die Lebensenergie der Tiere, die ich gekannt habe, tatsächlich irgendwo anders weiterlebt. Diese erstaunlichen Geschöpfe waren für mein Leben und meine Entwicklung von großer Bedeutung.

Franz von Assisi erkannte die spirituelle Bedeutung der Tiere. Als der heilige Franziskus Gott näher kam, fand er heraus, dass er in der Lage war, mit Tieren zu kommunizieren. Wenn wir den Tieren – und Gott – näher kommen, können wir die gleiche Verbindung erfahren.

Seit Anbeginn der Menschheit haben wir uns danach gesehnt, in Harmonie mit der ganzen Schöpfung zu leben, uns mit den Tieren und dem Göttlichen verbunden zu fühlen. Vielleicht sind Tiere einfach berührbare, fühlbare Brücken zum Himmlischen. Schenken Sie ihnen Ihre Aufmerksamkeit. Lernen Sie von ihnen und nutzen Sie die Lektionen und Übungen in diesem Buch, um Ihre eigene Art der Verbindung zu finden. Dies ist nicht das Ende, sondern der Anfang einer neuen Reise.

Die besten Wünsche für Ihre Safari zu sich selbst!

Literaturhinweise

Diese Liste stellt eine Auswahl deutsch- und englischsprachiger Werke vor, die ich für geeignet halte, Ihnen zu helfen, Tiere zu verstehen. Ich lade Sie ein, meine Website zu besuchen: www.arkanimals.com. Hier bekommen Sie einen Überblick über meine neuesten Publikationen, andere Tierbücher und Videos.

Alderton, David: *Wild Cats of the World.* Sterling Publications, New York 1998.

Bauer, Erwin: *Bears: Behaviour, Ecology, Conservation.* Voyageur Press, Stillwater 1998.

Bekoff, Marc: *Minding Animals.* Oxford University Press, New York 2002.

ders.: *Das unnötige Leiden der Tiere.* Herder Verlag, Freiburg 2001.

Benyus, Janine: *The Secret Language and Remarkable Behavior of Animals.* Black Dog & Leventhal Publishers, New York 1998.

Bonner, Nigel: *Seals and Sea Lions of the World.* Facts on File, New York 1994.

Brown, Gary: *Safe Travel in Bear Country.* Lyons Press, New York 1996.

Buckner, Elijah: *The Immortality of Animals.* Jacobs, Philadelphia 1903.

Campbell, William: *The New Better Behavior in Dogs.* Alpine Publications, Loveland 1999.

Chadwick, Douglas: *The Fate of the Elephant.* Sierra Club Books, San Francisco 1992.

Chance, Paul: *Learning and Behavior.* Brooks/Cole Publishing, Pacific Grove ³1998.

Coren, Stanley: *Die Intelligenz der Hunde.* Rowohlt, Reinbek ⁴1997.

Dodman, Nicholas: *Katzen, die zu viel kratzen.* Ullstein, Berlin 1999.

ders.: *Hunde, die zuviel bellen.* Ullstein, Berlin 1999.

Douglas-Hamilton, Iain u.a.: *African Elephants: A Celebration of Majesty.* Abbeville Press, New York 1998.

ders.: *Unter Elefanten. Abenteuerliche Forschungen in der Wildnis Zentral-afrikas.* Piper, München 1976.

Fisher, Betty: *Caninestein.* HarperCollins, New York 1997.

dies.: *So Your Dog's Not Lassie.* HarperCollins, New York 1998.

Fogle, Bruce: *Was geht in meiner Katze vor?* Bastei-Lübbe, Bergisch Glad-beck 1993.

Fouts, Roger: *Unsere nächsten Verwandten. Von Schimpansen lernen, was es heißt, ein Mensch zu sein.* Limes Verlag, München 1998.

Fowler, Murray: *Restraint and Handling of Wild and Domestic Animals.* Iowa University Press, Iowa City 1995.

Fox, Michael: *Versteh deine Katze.* Müller, Stuttgart/Wien 1976.

Gittleman, John, (Hrsg.) *Carnivore Behavior, Ecology, and Evolution.* Comstock Publishing, Ithaca 1996.

Goodall, Jane: *Wilde Schimpansen.* Rowohlt, Reinbek [7]1994.

dies.: *Ein Herz für Schimpansen. Meine 30 Jahre am Gome-Strom.* Ro-wohlt, Reinbek 1991.

Grzimek, Bernhard (Hrsg.): *Grzimeks Tierleben. Enzyklopädie des Tier-reichs.* Band 1-13. Dtv München 1979/1980.

Hall-Martin, Anthony (Hrsg.): *Cats of Africa.* Smithsonian Institution Press, Washington D.C. 1998.

Holmes, Jean: *Do Dogs Go to Heaven? Eternal Answers for Animal Lovers.* JoiPax Publishing, Tulsa 1999.

Hornocker, Maurice (Hrsg.): *Track of the Tiger.* Sierra Club Books, San Francisco 1997.

Houpt, Katherine: *Domestic Animal Behavior for Veterinarians and Animal Scientists.* Iowa State University Press, Iowa City 1998.

Kazdin, Alan: *Behavior Modification in Applied Settings.* Brooks/Cole Publishing, Pacific Grove CA 1994.

Kleiman, Devra (Hrsg.): *Wild Mammals in Captivity.* University of Chi-cago Press, Chicago 1997.

Kowalski, Gary: *The Souls of Animals.* Stillpoint Publishing, Walpole 1991.

ders.: *Dein Tier – eine empfindsame Seele.* Silberschnur Verlag, Neuwied 1999.

Lachman, Larry: *Birds off the Perch.* Fireside Press, New York 2003.

ders.: *Cats on the Counter.* St. Martin's Press, New York 2001.

ders.: *Dogs on the Couch.* Overlook Press, New York 1999.

Landsberg, Gary u.a.: *Handbook of Behavior Problems of the Dog and Cat.* Butterworth-Heinemann Medical, Newton 1997.

Linzey, Andrew: *Animal Gospel.* Westminster/John Knox Press, Louisville 1999.

Linzey, Andrew; Yamamoto, Derothy (Hrsg.): *Animals on the Agenda.* University of Illinois Press, Champaign 1998.

Macdonald, David (Hrsg.): *Die große Enzyklopädie der Säugetiere.* Könemann, Köln 2004.

Marlo, Shelby: *Shelby Marlo's New Art of Dog Training.* Contemporary Books, New York 1999.

Masson, Jeffrey Moussaieff; Mc Carthy, Susan: *Wie Tiere fühlen.* Rowohlt, Reinbek 1997.

Mazur, James: *Lernen und Gedächtnis.* Pearson Studium, München ⁵2003.

McElroy, Susan Chemak: *Tiere als Lehrer und Heiler. Wahre Begebenheiten und Reflexionen.* Droemer Knaur, München 1997.

McFarland, David (Hrsg.): *Biologie des Verhaltens.* Spektrum Akademischer Verlag, Heidelberg 1999.

Milani, Myrna: *Catsmart.* NTC/Contemporary, New York 1998.

Monks of New Skete: *The Art of Raising a Puppy.* Little Brown and Company, Boston 1991.

Nowak, Ronald (Hrsg.): *Walker's Mammals of the World.* Johns Hopkins University Press, Baltimore 1999.

Payne, Katy: *Stiller Donner. Die geheime Sprache der Elefanten.* Frederking und Thaler, München 2001.

Payne, Roger: *The Whale Watcher's Guide.* NorthWestPress, Chanhassen 1999.

Pringle, Laurence; Moss, Cynthia: *Elephant Woman: Cynthia Moss Explores the World of Elephants.* Atheneum, New York 1997.

Pryor, Karen: *Positiv bestärken, sanft erziehen. Die verblüffende Methode, nicht nur für Hunde.* Kosmos, Stuttgart 1999.

Ryan, Terry: *The Toolbox for Remodeling Your Problem Dog.* Howell Book House, New York 1998.

Schneider, Bill: *Bear Aware: Hiking and Camping in Bear Country.* Falcon, Guilford 1996.

Shepherdson, David (Hrsg.): *Second Nature: Environmental Enrichment for Captive Animals.* Smithsonian Institution Publications, Washington D.C. 1998.

Shoshani, Jehskel (Hrsg.): *Elefanten. Enzyklopädie der Tierwelt.* Jahr Top Special, Hamburg 1993.

Smith, David: *Backcountry Bear Basics.* Mountaineers Books, Seattle 1997.

Smith, Scott: *The Soul of Your Pet.* Holmes Publishing Group, Edmonds 1998.

Smuts, Barbara: *Sex and Friendship in Baboons.* Harvard University Press, Cambridge 1999.

Sukumar, Raman: *Elephant Days and Nights: Ten Years with the Indian Elephant.* Oxford University Press, New York 1996.

ders.: *The Asian Elephant: Ecology and Management.* Cambridge University Press, New York 1993.

Turner, Alan u.a.: *The Big Cats and Their Fossil Relatives.* Columbia University Press, New York 1997.

Volhard, Joachim: *The Canine Good Citizen.* Howell Book House, New York 1997.

De Waal, Frans: *Unsere haarigen Vettern. Neueste Erfahrungen mit Schimpansen.* Harnack, München 1983.

Über die Autorin

Seit 1978 hat Diana L. Guerrero überall auf der Welt mit zahmen und wilden Tieren gearbeitet und dafür international Anerkennung erworben. Zu der Vielzahl von Einrichtungen, für die sie tätig war, gehören z. B. der San Diego Wild Animal Park, der Los Angeles Zoo, das Cabrillo Marine Aquarium oder das Marineland of the Pacific in Palos Verdes, aber auch unzählige private Zoos, Tierschutzvereine, Hundeschulen ... Sie hat für den Tierkatastrophenschutz gearbeitet, Tierhalter im Umgang mit eigensinnigen Schützlingen beraten, Filmtiere für Hollywood trainiert und Vorlesungen vor Tier-Verhaltensforschern gehalten. Ihre einzigartigen Trainingsmethoden sind auf Vertrauen, Respekt und Verständnis begründet.

Die aktive Publizistin und Tierschützerin gibt das Internetmagazin *Ark Animals* heraus und veröffentlichte zahlreiche Beiträge in populären und Fachzeitschriften, nicht nur in Amerika.

Diana Guerrero lebt in den Bergen von Südkalifornien.

www.dianalguerrero.com
www.arkanimals.com